AVAREZA

OS PAPÉIS QUE REVELAM RIQUEZAS, ESCÂNDALOS
E SEGREDOS DO VATICANO

Emiliano Fittipaldi

AVAREZA

OS PAPÉIS QUE REVELAM RIQUEZAS, ESCÂNDALOS
E SEGREDOS DO VATICANO

Tradução
Luis Reyes Gil

temas'de hoje.

Primeira edição como *Avarizia* em novembro de 2015 por Giangiacomo Feltrinelli Editore, Milão, Itália.

Título original: *Avarizia. Le carte che svelano ricchezza, scandali e segreti della chiesa di Francesco*

Preparação: Malu Poleti
Revisão: Pamela Oliveira
Revisão técnica: Rodrigo Coppe
Diagramação: Maurélio Barbosa | designioseditoriais.com.br
Capa: Departamento de criação da Editora Planeta do Brasil
Imagens de capa: © P Deliss/Godong/Corbis/Latinstock

CIP-BRASIL. CATALOGAÇÃO NA PUBLICAÇÃO
SINDICATO NACIONAL DOS EDITORES DE LIVROS, RJ

F576a

Fittipaldi, Emiliano
Avareza: os papéis que revelam riquezas, escândalos e segredos do vaticano / Emiliano Fittipaldi; [tradução Luis Reyes Gil]. – 1. ed. – São Paulo: Planeta, 2016.

Tradução de: Avarizia
ISBN 978-85-422-0682-1

1. História eclesiástica. 2. Igreja Católica - História. 3. Papado - História. 4. Igreja Católica - Clero - História. 5. Cidade do Vaticano - História. I. Reyes, Gil. II. Título.

15-28980

CDD 262.136
CDU 272-732.2

2016
Todos os direitos desta edição reservados à
EDITORA PLANETA DO BRASIL LTDA.
Rua Padre João Manuel, 100 – 21º andar
Ed. Horsa II – Cerqueira César
01411-000 – São Paulo-SP
www.planetadelivros.com.br
atendimento@editoraplaneta.com.br

À minha mãe e ao meu pai

SUMÁRIO

PRÓLOGO 9

1. O TESOURO DO PAPA 13
2. IOR, MENTIRAS E CONTAS SECRETAS 45
3. NEGÓCIOS SAGRADOS 73
4. OS MERCADORES DO TEMPLO 107
5. SUA SANIDADE 145
6. EM NOME DO DINHEIRO 189

AGRADECIMENTOS 221

Prólogo

Judas Iscariotes, um dos discípulos,
aquele que entregaria Jesus, falou assim:
"Por que este perfume não foi vendido por trezentos
denários para se dar aos pobres?"
Falou assim, não porque se preocupasse com os probres,
mas, porque era ladrão: ele guardava a bolsa
e roubava o que nela se depositava.
João 12, 4-6

Os dois monsenhores começaram a falar logo depois que o garçom trouxe o carpaccio de atum e o purê de lagostins vermelhos. Até então, estavam calados. Olhando a carta de vinhos brancos, escolhendo o que melhor se harmonizaria com os petiscos, provando bocadinhos do pão de nozes, olhando em volta inquietos, à procura de algum conhecido para cumprimentar no jardim do restaurante, no bairro de Parioli.

Dando uma garfada no primeiro lagostim, o sacerdote mais velho, aquele que eu nunca vira antes, foi direto ao ponto. "Você deveria escrever um livro. Deveria escrevê-lo também para o Francisco. Ele precisa saber. Precisa saber que a Fundação Bambin Gesù, criada para receber doações para crianças doentes, pagou parte da reforma da nova casa do cardeal Tarcisio Bertone. Precisa saber que o Vaticano tem casas em Roma que valem 4 bilhões de euros. Isso mesmo. E dentro não há refugiados, como queria o papa, mas um monte de protegidos e de *vips* que pagam um aluguel ridículo.

"Francisco precisa saber que as fundações designadas a Ratzinger e a Wojtyla receberam tanto dinheiro que ainda mantêm no banco mais de 15 milhões. Precisa saber que as doações que seus fiéis fazem todo ano por meio do Óbolo de São Pedro não são destinadas aos mais pobres, mas acumuladas em contas e aplicações que hoje somam quase 400 milhões de euros. Precisa saber que, quando pegam qualquer coisa do Óbolo, os monsenhores o fazem para as exigências da Cúria Romana.

"Precisa saber que o IOR [Instituto para as Obras de Religião] tem quatro fundos beneficentes, avaros como Harpagão: embora essa instituição vaticana tenha ganhos de dezenas de milhões, o fundo para obras missionárias concedeu este ano míseros 17 mil euros. Para o mundo todo! Precisa saber que o IOR ainda não foi saneado e que dentro do *torrione*[1] escondem-se ainda clientes abusivos, gentalha processada na Itália por delitos graves. Precisa saber que o Vaticano

1. Ao longo do livro o autor chama o IOR também de *torrione*, já que a sede do IOR está localizada no *torrione* ("torre") Niccolò V do Palácio Apostólico. Essa torre foi erguida em 1453 junto ao Palazzo Sisto V, residência do pontífice, no interior do Vaticano. (N. T.)

nunca forneceu aos seus investigadores do Banca d'Italia a lista daqueles que fugiram com o botim para o exterior. Apesar de termos prometido isso. Precisa saber que, para fazer um santo, para tornar-se beato, é preciso pagar. Sim, desembolsar dinheiro. Os caçadores de milagres custam caro, são advogados, querem centenas de milhares de euros. Tenho provas.

"Precisa saber que o homem que ele mesmo escolheu para normalizar nossas finanças, o cardeal George Pell, terminou citado na Austrália em uma investigação do governo sobre pedofilia, que ele é definido por algumas testemunhas como 'sociopata' e que na Itália ninguém escreve nada a respeito disso. Precisa saber que Pell gastou com ele e seus amigos, entre pagamentos de despesas e roupas sob medida, meio milhão de euros em seis meses.

"Francisco precisa saber que a empresa norte-americana de auditoria que um de nós convocou para controlar as contas do Vaticano pagou em setembro de 2015 uma multa de 15 milhões por ter maquiado os relatórios de um banco inglês que fazia transações ilegais no Irã. Precisa saber que a Santa Sé, para ganhar mais dinheiro, distribuiu cupons especiais por meia Roma: hoje vendemos combustível, cigarros e roupas *tax free*, e ganhamos com isso 60 milhões por ano.

"Precisa saber que não é só Bertone que mora em trezentos metros quadrados, mas que há um monte de cardeais que moram em apartamentos de quatrocentos, quinhentos, seiscentos metros quadrados. Além de ático e terraço panorâmico. Precisa saber que o presidente da Apsa [Administração do Patrimônio da Sede Apostólica], Domenico Calcagno, mandou construir para si um bom refúgio em área verde, de propriedade da Santa Sé, por meio de uma empresa de fachada aberta em nome de parentes distantes. Precisa saber que o moralizador Carlo

Maria Viganò, o herói que protagonizou o escândalo *Vatileaks*, está em litígio com o irmão sacerdote, que o acusa de ter-lhe fraudado milhões de uma herança. Precisa saber que Bertone pegou um helicóptero que custou 24 mil euros para ir de Roma a Basilicata. Precisa saber que a Bambin Gesù controla no IOR um patrimônio absurdo de 427 milhões de euros, e que o Vaticano investiu também em ações da Exxon e da Dow Chemical, multinacionais que poluem e evenenam. Precisa saber que o hospital do Padre Pio é proprietário de 37 edifícios e outros imóveis, num valor estimado em 190 milhões de euros. Precisa saber que os salesianos investem em empresas de Luxemburgo, os franciscanos na Suíça, que dioceses no exterior compraram empresas donas de canais pornográficos de TV. Precisa saber que um bispo na Alemanha torrou 31 milhões para reformar sua residência, e que depois que isso foi descoberto ainda conseguiu promoção para um cargo em Roma. Francisco precisa saber um monte de coisas. Coisas que ele não sabe porque ninguém lhe conta."

O monsenhor pôs o garfo sobre a mesa e limpou a boca com o guardanapo. O padre, que eu conheço bem, serviu-lhe um pouco de vinho na taça, um *Sacrisassi le due terre*. O grisalho reverendo ergueu a taça, apertou os olhos para observar com atenção a cor amarelo-palha através do vidro, deu dois longos goles e sorriu. "Aqui fora está estacionado um carro cheio de documentos. Do IOR, da Apsa, dos departamentos, dos auditores das contas convocados pela comissão encarregada, a Cosea. Por isso pedi que viesse de carro. Não faria o senhor levar tudo de moto." Ficou em pé de repente. "A propósito, estou sem dinheiro vivo. Desta vez o senhor paga o restaurante, não é?"

1

O tesouro do papa

> Não ajunteis tesouros aqui na terra,
> onde a traça e a ferrugem destroem e
> os ladrões assaltam e roubam.
> Ao contrário, ajuntai para vós tesouros no céu,
> onde a traça e a ferrugem não destroem
> nem os ladrões assaltam e roubam.
> Pois onde estiver o teu tesouro,
> aí estará também o teu coração.
>
> Mateus 6, 19-21

Assim Jesus prevenia seus discípulos no alto do monte. E, mesmo assim, em 2 mil anos a Santa Igreja Romana tem interpretado com frequência a parábola a seu modo, ou seja, ignorando-a completamente. Se o dinheiro é o esterco do diabo, no Vaticano parece valer o dito *pecunia non olet*: ao longo dos séculos, lingotes e moedas de ouro, cédulas de todos os valores, propriedades imobiliárias e títulos bancários foram acumulados em considerável quantidade por padres, bispos e cardeais, e hoje o patrimônio tem proporções bíblicas.

Quem quer que tenha tentado calcular o total da riqueza da Igreja Católica fracassou de modo inexorável. Espalhada por todos os países do mundo com 1,2 bilhão de fiéis, a ela se reportam – segundo os números que o Anuário Pontifício publica todo ano, a partir de dados colhidos e elaborados pelo departamento de estatística da Santa Sé – milhares de arquidioceses e bispados. Em ordem alfabética, partindo de Aachen, na Alemanha, até Zomba, no Malawi, as "circunscrições eclesiásticas" difundidas pelo planeta somam 2.966, entre bispados, sedes metropolitanas, prefeituras, vicariatos e abadias, com quase 5 milhões de pessoas – entre freiras, religiosos, diáconos e sacerdotes – empenhadas em guiar o rebanho de Jesus.

Cada "circunscrição" é proprietária de igrejas e imóveis, administra contas e finanças, e é completamente autônoma em relação ao Vaticano, que não exerce nenhum controle a não ser em casos extremos, isto é, diante de uma quebra financeira ou de despesas suspeitas das quais a Santa Sé venha a tomar conhecimento. Trata-se de um patrimônio gigantesco, ao qual se acrescenta aquele controlado pelas congregações católicas, pelas ordens religiosas e pelas associações leigas. A Opus Dei, os Legionários de Cristo e os Cavaleiros de Colombo estão entre as mais conhecidas e ricas, mas da América à Oceania contam-se aos milhares, cada uma com seus bens e seu dinheiro, e também com seus balanços que – mais ainda que os das dioceses individuais – não têm nada a ver com o do Vaticano.

Grande parte da riqueza possuída pelas várias entidades, enfim, é secreta e reservada: em muitos países, associações e congregações não são obrigadas a publicar relatórios anuais, ao passo que as leis vigentes sobre fundações, nos Estados Unidos e na Europa, permitem a privacidade mais absoluta, escondendo do público parte importante das propriedades eclesiásticas. Não só na Itália, mas em metade do mundo.

No entanto, este livro que você tem agora em mãos, graças a um volume significativo de documentos inéditos provenientes das salas do Vaticano, de relatórios de auditores chamados por Francisco para jogar luz sobre suas contas e transações financeiras, de documentos e balanços dos diversos departamentos, pode esclarecer pela primeira vez todo o tesouro do papa, controlado diretamente pelo Vaticano. Uma montanha de bilhões entre contas, aplicações financeiras, metais preciosos e propriedades imobiliárias que ainda hoje – após as guerras de poder que eclodiram na época de Bento XVI – continuam a provocar por trás dos muros confrontos furibundos entre facções rivais. Exércitos internos e grupelhos de leigos bem inseridos, cardeais armados uns contra os outros, por trás de Francisco movem-se camarilhas e monsenhores que não parecem convertidos ao credo pauperista do novo pontífice e que ainda têm um objetivo prioritário: pôr as mãos em uma fatia do bolo.

Folheando um dos relatórios internos da Cosea, a dissolvida comissão encarregada da organização da estrutura econômica do Vaticano criada pessoalmente por Bergoglio para investigar as sagradas finanças, descobre-se antes de mais nada que "as diversas instituições vaticanas administram os próprios ativos e aqueles de terceiros num valor declarado de 9 a 10 bilhões de euros, dos quais 8 a 9 bilhões estão em títulos, e um bilhão em imóveis". Uma estimativa contábil bastante precisa no que se refere às riquezas em dinheiro e em ações, mas muito prudente no que diz respeito a valores reais de palacetes, imóveis comerciais, mansões, escolas, internatos e apartamentos de propriedade do Estado Pontifício: segundo a Cosea, em todos os balanços vaticanos os valores nominais são notavelmente subdimensionados, e tais bens valem muito mais do que o registrado em balanço pelas diversas entidades proprietárias.

"4 bilhões de euros em imóveis"

Um documento da referida comissão, escrito em inglês e em italiano e destinado a George Pell, chefe da nova Secretaria da Economia idealizada por Francisco, sintetiza pela primeira vez o valor real de todos os bens imobiliários de propriedade de instituições vaticanas. Diz ele: "Com base nas informações disponibilizadas pela Cosea, existem 26 instituições relacionadas com a Santa Sé que possuem bens imobiliários num valor contábil total de 1 bilhão de euros em 31 de dezembro de 2012. Uma avaliação de mercado indicativa demonstra uma estimativa do valor total dos bens quatro vezes maior em relação ao valor contábil, ou seja, 4 bilhões de euros". Isso mesmo: 4 bilhões, redondos.

No relatório são indicadas também as instituições papais "com as propriedades mais importantes em valores de mercado". Isto é, a Apsa, a Administração do Patrimônio da Sede Apostólica (com um patrimônio de 2,7 bilhões), a congregação Propaganda Fide (450 milhões de euros, embora no passado livros e jornais sempre tenham dado estimativas ainda mais altas), a Casa Alívio do Sofrimento (graças aos donativos, o hospital do Padre Pio tem um

ESAME DEI BENI IMMOBILIARI DI PROPRIETÀ DI ISTITUZIONI VATICANE

Visione d'insieme del tipo e valore dei beni

- Sulla base dell'informazione messa a disposizione di COSEA, ci sono **26 istituzioni** relazionate alla Santa Sede che possiedono beni immobiliari per un **valore contabile totale di EUR ~1mrd** al 31.12.2012.
- Una valutazione di mercato indicativa dimostra una **stima del valore totale** dei beni di 4 volte più grande rispetto al valore contabile, o **EUR ~4mrd**. Le istituzioni con le proprietà più importanti (a valore di mercato) sono:
  - APSA: EUR ~2,710m
  - Propaganda Fide: EUR ~450m
  - Casa Sollievo della Sofferenza: EUR ~190m
  - Fondo Pensioni: EUR ~160m.
- Il **reddito totale da locazione** ammonta a **EUR ~88m**, dei quali EUR ~65m compresi nel conto economico della Santa Sede e EUR ~2m nel conto economico consolidato della Città Stato Vaticano. Reddito supplementare da locazione può essere ottenuto come dettagliato in basso.
- Lo **stato fisico** degli edifici non è stato preso in considerazione nelle analisi per il momento.
- Siccome COSEA ha dovuto fare affidamento sull'**informazione resa disponibile dalle varie istituzioni**, non possiamo assicurare che tutti i beni immobiliari siano stati individuati.

Mancanze nella gestione dei beni immobiliari

- Prima di tutto, si è osservata **duplicazione di attività** tra le ~20 istituzioni che gestiscono beni immobiliari.
- Esistono importanti **mancanze strategiche** nella gestione dei beni immobiliari:
  - Canoni di locazione molto bassi (incremento potenziale del reddito da locazione di almeno EUR 25-30m senza avere impatto sull'impegno della Santa Sede nell'offrire appartamenti a bassi canoni ai dipendenti)
  - Uso inefficiente delle unità (e.g. la Libreria Editrice possiede un grande magazzino in un edificio prestigioso in Piazza San Callisto)
  - Nessuna gestione del tasso di rendimento (nessuna trasparenza sul valore di mercato dei beni)
- C'è margine di miglioramento in svariate **procedure** relazionate alla gestione dei beni immobiliari:
  - Linee guida per la locazione di unità ai dipendenti (e.g. non esiste beneficio equivalente per i dipendenti ai quali non viene assegnato un appartamento; casi di ex-dipendenti del Vaticano che rimangono in appartamenti interni a canoni favorevoli fino a 8 anni dopo il termine del loro impiego col Vaticano)
  - La gestione delle eccezioni per l'assegnazione delle unità (e.g. riduzione del canone su richiesta specifica)
  - Compravendita di beni (e.g. nessuna procedura formalmente approvata in APSA per la vendita di proprietà)
  - Mantenimento degli edifici (e.g. nessuna valutazione sistematica della qualità dei prestatori di servizi)

Proposta di strada da percorrere

- Tutti i beni immobiliari di proprietà di istituzioni relazionate al Vaticano dovrebbero essere gestiti centralmente:
  - La proposta di una nuova istituzione responsabile per la **gestione patrimoniale** – chiamata Vatican Asset Management (VAM) – sarà responsabile per gli investimenti e per pianificare e monitorare i redditi. **I titoli di proprietà** rimarranno con le istituzioni che oggi possiedono tali beni.
  - Un nuovo **dipartimento di gestione immobiliare** nella Segreteria per l'Economia sarà responsabile per:
    - □ Stabilire le line guida per la locazione delle unità (in collaborazione con l'ufficio Risorse Umane nell'ambito di linee guida per la locazione di appartamenti a dipendenti)
    - □ **Property management** (e.g. responsabilità dei contratti di locazione)
    - □ **Facility management** (e.g. monitoraggio tecnico degli edifici, gestione e monitoraggio di servizi di supporto come il mantenimento e la pulizia)
  - Tutto lo staff Vaticano che lavora in **servizi di mantenimento e pulizia** sarà unificato nel dipartimento dei Servizi Tecnici in Governatorato e servirà le unità nel Vaticano. Gare competitive che includano anche fornitori esterni saranno istituite come una regola per l'assegnazione di servizi in territorio non-Vaticano.
- Vista la quantità di progetti aperti, si raccomanda di cominciare con l'**implementazione** solo nella **seconda metà del 2014**. Le priorità saranno:
  - Nomina di un Direttore per la Gestione Immobiliare
  - **Richiesta di informazione dettagliata** da tutte le entità per quanto riguarda il loro portafoglio immobiliare
  - Rifinitura della **valutazione di mercato**
  - Creazione di un **piano** per indirizzare le mancanze per quanto riguarda la strategia e le procedure

Relatório da Cosea, responsável pela análise das contas do Vaticano. Destaca as instituições com propriedades mais valiosas: a Apsa (Administração do Patrimônio da Sede Apostólica), com patrimônio de 2,7 bilhões de euros; o departamento de Propaganda Fide (Congregação para Evangelização dos Povos), com 450 milhões; a Casa Sollievo della Sofferenza (Alívio do Sofrimento), com 190 milhões; e o Fundo de Pensões dos Funcionários, com 160 milhões. O texto cita a duplicidade de atividades entre as instituições que gerem os bens e sugere a criação de um departamento para centralizar tal gestão.

portfólio de 37 palacetes avaliado em 190 milhões) e o Fundo de Pensões dos Funcionários, que possui imóveis no valor de 160 milhões de euros.

Isso não é tudo. Em outro relatório confidencial da Cosea, datado de 7 de janeiro de 2014 (trata-se de um esboço da proposta de criar um único administrador de ativos do Vaticano, capaz de gerir de modo unitário todo o patrimônio da Santa Sé hoje dividido entre dezenas de entidades), especifica-se que quase sempre "os imóveis são registrados ou ao custo de aquisição ou ao custo de doação, e muitos edifícios institucionais são avaliados a um euro. Portanto, é de se esperar que o valor de mercado do *real estate* Vaticano seja muito maior". A nota destaca também que os auditores trabalharam a partir de relatórios fornecidos pelas diversas entidades, que poderiam também não ter registrado peças do seu patrimônio no balanço.

De qualquer modo, eventuais tesouros não arrolados não alterariam muito a cifra final. Quatro bilhões, portanto. Uma riqueza enorme, em grande parte concentrada em Roma. O dado da Cosea, que trabalhou durante meses sobre documentos disponibilizados pelas entidades, ajuda também a redimensionar a lenda anticlerical que quer a Igreja Católica proprietária de 20% de todo o patrimônio imobiliário italiano. Os relatórios vaticanos não contabilizam as propriedades das dezenas de ordens e congregações que têm palacetes e apartamentos espalhados pela Cidade Eterna, mas incluem o segundo maior proprietário imobiliário católico da capital, ou seja, a diocese de Roma, que tem um balanço separado do da Santa Sé. Graças a um documento de 2014 da empresa de consultoria KPMG, descobriu-se que a diocese capitolina possui ativos na cidade (imóveis e líquidos) no valor de 69 milhões de euros. Provavelmente já é, de saída, uma cifra errada, à qual devem ser acrescentadas muitas outras propriedades de órgãos e congregações. Mas é muito difícil que na capital o patrimônio da Igreja inteira possa chegar a valer um quinto de 534 bilhões de euros, cifra que representa o valor total das moradias de Roma calculada pelos técnicos da Agência da Receita e publicado no importante estudo intitulado *Gli immobili in Italia 2015*.

Caça ao tesouro

Lendo o balanço nunca publicado pela Apsa, compreende-se que parte importante do tesouro imobiliário do Vaticano conflui justamente para o organismo presidido pelo monsenhor Domenico Calcagno. Criada em 1967 por Paulo VI na mesma época da Prefeitura dos Negócios Econômicos, a Apsa tem sob custódia há meio século ativos mobiliários e imobiliários "destinados", segundo esclarece a *Pastor Bonus*[2] com que foi constituída, "a fornecer os fundos necessários ao cumprimento das funções da Cúria Romana".

Na realidade, a história da entidade começa muito antes. Em 1878, Leão XIII decidiu formar um primeiro escritório para administrar os bens situados no Vaticano após a tomada de Roma em 1870, mas em 1926 o papa Pio XI dispôs por iniciativa própria a criação da Administração dos Bens da Santa Sé, antecessora da entidade como a conhecemos hoje. Em junho de 1929, ao novo departamento acrescentou-se outro, a Administração Especial da Santa Sé, constituída "com o escopo", esclareceu o Vaticano, "de gerir os

2. *Pastor Bonus* ("bom pastor", em latim) é a Constituição da Santa Sé, promulgada pelo papa João Paulo II em 28 de junho de 1988. (N. E.)

fundos vertidos pelo governo italiano [isto é, pelo regime fascista de Benito Mussolini] à Santa Sé, em cumprimento ao acordo financeiro anexado ao Tratado de Latrão de 11 de fevereiro de 1929".

Os dois departamentos foram fundidos quarenta anos depois dentro da Apsa. Esta foi então dividida em uma "seção ordinária", que exerce as tarefas antes reservadas à Administração dos Bens da Santa Sé (gestão do pessoal vaticano, da contabilidade, dos departamentos), e em uma "seção extraordinária", herdeira da velha Administração Especial. A caça ao tesouro deve partir daí, porque é onde são conservados os bens móveis e o patrimônio imobiliário subordinados à Igreja.

As primeiras indicações do balanço do qual estamos de posse nos sugerem voar para Paris, pegar um táxi e pedir que nos levem à rue de Rome, junto à centralíssima place Vendôme. No cívico número 4, uma empresa francesa controlada pela Apsa possui de fato alguns dos mais prestigiosos imóveis da cidade. Chama-se Sopridex SA, já teve inquilinos famosos (como o ex-presidente François Mitterrand, o ex-ministro Bernard Kouchner e sua mulher Christine Ockrent) e hoje exerce atividades registradas em balanço que chegam a 46,8 milhões de euros. O pessoal compreende, lê-se no balanço, "um diretor, três funcionários dedicados à limpeza", e nada menos do que "dezesseis porteiros".

Deslocando-nos dos imóveis parisienses (o Vaticano tem centenas de unidades imobiliárias entre imóveis comerciais e apartamentos, ao longo dos Champs-Élysées, no centro histórico e no bairro de Montparnasse, onde morava de aluguel até mesmo a ex-ministra Christine Albanel) para aterrissar em Genebra, descobrimos que a "seção extraordinária" controla também dez empresas suíças (entre elas a Diversa SA, a Société Immobilière Sur Collonges e a Société Immobilière Florimont), que, com a líder do grupo Profima SA, administram propriedades e terrenos não só na Confederação Helvética, mas em metade da Europa. Todas juntas – lê-se no balanço – têm um faturamento anual de 18 milhões de euros, e cada uma delas conta com um conselho de administração composto por sete pessoas.

Enquanto se sabe que a Profima SA foi aberta em Lausanne, em julho de 1926, e depois utilizada por Pio XI para levar ao exterior (ou investir, depende do ponto de vista) parte do dinheiro que a Igreja obtivera de Mussolini como ressarcimento pelas expropriações sofridas após a Unificação Italiana, a *holding* Diversa é praticamente desconhecida. Fundada em Lugano, em agosto de 1942, enquanto metade do planeta, de Stalingrado a El Alamein, estava em guerra, hoje é presidida por Gilles Crettol. Trata-se de um poderoso advogado suíço que administra parte importante dos interesses vaticanos no norte dos Alpes: seu nome aparece, na realidade, em quase todas as outras empresas suíças ligadas ao Vaticano.

Até algum tempo atrás, o contato italiano da Diversa era Paolo Mennini, ex-número um da "seção extraordinária" da Apsa e histórico cérebro da administração. Após o escândalo que devastou o monsenhor salernitano Nunzio Scarano – funcionário da Apsa que sofreu investigação por corrupção –, após os controles efetuados pela empresa de auditoria Promontory a mando da Cosea e depois de uma *due diligence* nas contas operadas pela McKinsey, os homens do papa Francisco decidiram virar a página e trocar todos os que compunham as entidades administrativas, substituindo-se, portanto, até mesmo Mennini: em seu lugar, no conselho de administração das empresas suíças, surgiu em 2013 Franco Dalla Sega, presidente da bazoliana[3] Mittel e gerente de confiança do novo chefe das finanças vaticanas, o cardeal George Pell.

Retomemos a caçada, indo agora da Suíça para a Inglaterra. Neste país, a suíça Profima controla a British Grolux Investments Ltd, empresa inglesa fundada no longínquo 1933 para "diversificar" – explicou em 2005 o histórico John Pollard – os investimentos eclesiásticos durante a Grande Depressão. Para sermos precisos, foi o banqueiro Bernardino Nogara, nomeado em 1929 como número um da recém-criada Administração Especial, quem construiu o patrimônio imobiliário inglês.

Peça importante da Banca Commerciale Italiana, já conselheiro da Santa Sé pelas resoluções da convenção financeira dos Acordos de Latrão, Nogara administrou os ressarcimentos obtidos de Benito Mussolini. Uma avalanche de dinheiro: aos 750 milhões de liras líquidos (depositados inicialmente em contas da Banca Commerciale) deve-se acrescentar um bilhão de liras em títulos do Estado. O professor de história econômica Maurizio Pegrari, autor do verbete biográfico "Nogara" na enciclopédia Treccani, lembra que antes da sua chegada os investimentos financeiros "eram como norma confiados a banqueiros europeus – suíços, alemães, franceses, holandeses e ingleses –, que se apoiavam nas nunciaturas apostólicas presentes nesses países". Um sistema confuso e em alguns casos até "diletante", continua Pegrari, "em virtude da ausência de capacidades específicas de muitos núncios e do próprio secretário de Estado da época, Pietro Gasparri. A chegada de Nogara trouxe ordem e competência". De

3. Relativo a Giovanni Bazoli (1932-), banqueiro italiano, presidente do conselho do banco italiano Intesa Sanpaolo e da companhia financeira Mittel. (N. T.)

fato, o banqueiro transformou a Administração Especial em uma espécie de *merchant bank* que operava em toda parte. Não só na Itália e na Europa, mas também nos Estados Unidos (onde a coleta do Óbolo de São Pedro era notável, apesar da Grande Depressão) e na Argentina.

Nogara investiu rapidamente o dinheiro recebido dos fascistas em ações, obrigações e, obviamente, no mercado imobiliário, por meio da criação de empresas no exterior. Uma aposta que deu certo, e que ainda hoje dá frutos. De ouro. Se a *holding* parisiense tem "atividades" de 46,8 milhões, a londrina é proprietária de casas e palacetes no centro da cidade, incluindo lojas de luxo na New Bond Street e os imóveis que abrigam a joalheria Bulgari. Também a sede do banco Altium Capital, na esquina da Saint James's Square com Pall Mall, segundo uma pesquisa do *Guardian,* foi adquirida pela Grolux Investments por 15 milhões de libras esterlinas. A administração dos imóveis londrinos, aos quais se juntam casas e terrenos em Coventry, faz o Vaticano ganhar outros 38,8 milhões. Além disso, por meio do arquivo da Câmara de Comércio do Cantão de Lucerna, descobrimos que a *holding* inglesa aberta em 1933 é irmã gêmea de outra empresa, criada em 1931 por Nogara em nome do Vaticano, em Luxemburgo, e nomeada Le Groupement Financier Luxembourgeois, fechada em 1939. Não cuidava apenas de imóveis, mas também de fluxos financeiros e de investimentos que giravam pelo mundo. Já então, nos futuros paraísos fiscais vigoravam normas muito favoráveis do ponto de vista fiscal e administrativo, e a Igreja serviu-se disso "para operar", observa ainda Pegrari, "com maior presteza". Por fim, na Itália, além do dilapidado cofre da Propaganda Fide, a Apsa controla ainda as empresas Sirea e Leonina, que, segundo o balanço, têm rendimentos de cerca de 16 milhões.

A Apsa, porém, é proprietária de milhares de apartamentos em Roma (em todo o Vaticano, capital, conta com cerca de 5 mil, mas este número está longe de ser o total dos que ela possui: em outro estudo da Prefeitura dos Negócios Econômicos fica evidente, entre os vários aspectos críticos da Apsa, a ausência de balanços que mostrem o patrimônio imobiliário em sua totalidade), que correspondem a cifras importantes. Em 2013, a Apsa indicou em balanço três entradas diferentes: as propriedades na Inglaterra, no valor de 25,6 milhões; e as da Suíça, no valor de 27,7 milhões; enquanto casas, imóveis comerciais, palacetes e apartamentos na Itália e na França foram avaliados em apenas 342 milhões. Mas no Vaticano sabe-se que se trata de uma cifra subestimada. Se os investimentos ingleses valem no balanço apenas 25 milhões de libras esterlinas (segundo a pesquisa do *Guardian*, em preços atuais de mercado os palacetes do centro de Londres valeriam 500 milhões de libras esterlinas, vinte vezes mais do que está assinalado pelos contadores do papa), o documento interno da Cosea esclarece o ponto, especificando que o portfólio contábil Apsa deve ser multiplicado por seis, pelo menos.

Aluguéis de ouro

Deixando para trás Paris, Londres e Lucerna, a caça ao tesouro prossegue em Roma. Depois da Apsa, o outro grande proprietário vaticano é a Propaganda Fide, a Congregação para a Evangelização dos Povos, comandada pelo cardeal Fernando Filoni. Um colosso financeiro que em 2012 possuía títulos e contas bancárias no valor de cerca de 170 milhões de euros, e apartamentos na capital registrados em

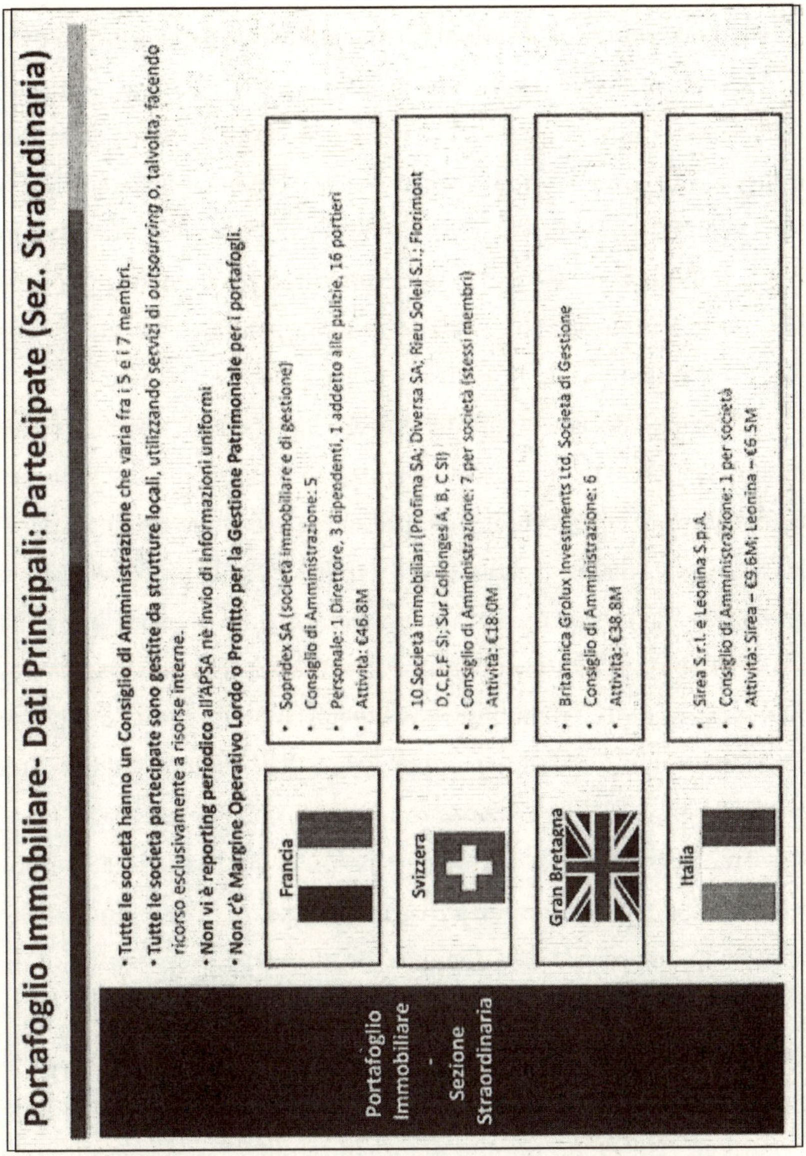

Portafoglio Immobiliare- Dati Principali: Partecipate (Sez. Straordinaria)

Portafoglio Immobiliare - Sezione Straordinaria

- **Tutte le società hanno un Consiglio di Amministrazione** che varia fra i 5 e i 7 membri.
- **Tutte le società partecipate sono gestite da strutture locali**, utilizzando servizi di *outsourcing* o, talvolta, facendo ricorso esclusivamente a risorse interne.
- **Non vi è reporting periodico** all'APSA nè invio di informazioni uniformi
- **Non c'è Margine Operativo Lordo o Profitto per la Gestione Patrimoniale** per i portafogli.

Francia	• Sopridex SA (società immobiliare e di gestione) • Consiglio di Amministrazione: 5 • Personale: 1 Direttore, 3 dipendenti, 1 addetto alle pulizie, 16 portieri • Attività: €46.8M
Svizzera	• 10 Società immobiliari (Profima SA; Diversa SA; Rieu Soleil S.I.; Florimont D,C,E,F SI; Sur Collonges A, B, C SI) • Consiglio di Amministrazione: 7 per società (stessi membri) • Attività: €18.0M
Gran Bretagna	• Britannica Grolux Investments Ltd, Società di Gestione • Consiglio di Amministrazione: 6 • Attività: €38.8M
Italia	• Sirea S.r.l. e Leonina S.p.A. • Consiglio di Amministrazione: 1 per società • Attività: Sirea – €9.6M; Leonina – €6.5M

Documento sobre as estruturas dos conselhos participativos da chamada "seção extraordinária" da Apsa, que conserva os bens móveis e o patrimônio imobiliário subordinado à Igreja – o texto destaca a falta de periodicidade no envio de relatórios e de unidade das informações. Compõem essa "seção extraordinária", controlada pela administração: a Sopridex SA, com atividades que chegam a 46,8 milhões de euros; dez empresas suíças, totalizando 18 milhões de euros; a inglesa Britannica Grolux Investiments, com 38,8 milhões; e as italianas Sirea e Leonina, com 16 milhões.

balanço por cerca de 90 milhões. Uma cifra ridícula: segundo a própria Cosea, as "joias" espalhadas pelas áreas mais bonitas de Roma valem "450 milhões". Esta corre o risco ainda de ser uma avaliação muito baixa: se no passado estimativas jornalísticas exageradas chegavam a colocar como hipótese para a Propaganda um tesouro próximo dos 9 bilhões, é provável que os quinhentos apartamentos da Propaganda distribuídos em cerca de sessenta palacetes nas áreas mais elegantes e luxuosas de Roma valham pelo menos 1 bilhão.

A congregação, criada para difundir a palavra de Jesus nos cantos mais distantes e pobres do mundo e que tem a tarefa de coordenar as missões evangélicas nos cinco continentes, possui imóveis e apartamentos de tirar o fôlego na piazza di Spagna, nas vizinhas viedella Vite e via Sistina. É proprietária de meia via Margutta e de coberturas maravilhosas na via del Babuino. Um portfólio que graças às doações constantes dos fiéis aumenta a cada ano: entre pequenos apartamentos, edifícios e terrenos, o número de imóveis em toda a Itália beira o milhar, mas 95% das propriedades se concentram em Roma e província.

Para fazê-los render, a congregação os aluga. Mas não a comuns mortais, e sim a quem pode se dar a esse luxo, e melhor ainda se for algum vip ou político. Por exemplo, Bruno Vespa, o apresentador do programa *Porta a Porta,* da estatal RAI (Rádio Audições Itália), paga 10 mil euros mensais por duzentos metros quadrados na piazza di Spagna (àqueles que consideram este valor baixo para uma das coberturas mais bonitas do mundo, o jornalista replica que investiu meio milhão do seu bolso para reformá-la). Além dele, são ou foram inquilinos da Propaganda: Cesara Buonamici, do telejornal noturno TG5, da rede italiana Mediaset; o estilista Valentino (que alugou um palacete inteiro na piazza Mignanelli para o seu escritório); o vice-diretor da RAI e ex-subsecretário da coligação Lega Nord do primeiro governo Berlusconi, Antonio Marano; o jornalista Augusto Minzolini; alguns diretores dos serviços secretos; o ex-comissário da Agcom (Autoridade para Garantias nas Comunicações) Giancarlo Innocenzi; o ministro da Fazenda Andrea Monorchio, o ex-presidente da Enac (Entidade Nacional da Aviação Civil) Vito Riggio.

Além disso, em alguns casos, os aluguéis pagos pelos inquilinos não aparecem alinhados com os preços de mercado. Um dos que desfrutaram de tratamento diferenciado foi um certo Esterino Montino, ex-presidente *ad interim* da Região do Lácio e figura importante do PD (Partito Democratico) regional, que viveu como hóspede da Propaganda Fide em uma das ruas mais prestigiosas da cidade, a via dell'Orso. Preço do aluguel do local: 360 euros mensais por 110 metros quadrados, que Montino dividia com sua companheira, a senadora democrata Monica Cirinnà. "Fizemos uma reforma pagando as despesas do nosso bolso, investimos 150 milhões das velhas liras", foi a justificativa do atual prefeito de Fiumicino, que em 2010 – depois de doze anos de descontos recorde – viu aumentar o valor para 3 mil euros, o efetivo valor de mercado daquela zona.

De vez em quando, a Propaganda Fide decide vender algum imóvel para fazer caixa. Nem sempre pelo preço justo: em 2004, o então ministro dos Transportes Pietro Lunardi conseguiu comprar, por meio de uma empresa imobiliária administrada pelo filho, todo um palacete de cinco andares na via dei Prefetti, em pleno centro histórico, pagando somente 3 milhões de euros. Foi acusado pelo tribunal de Perugia de corrupção, com o então prefeito da congregação, Crescenzio Sepe: em troca do preço reduzidíssimo, segundo a acusação, o ministro teria concedido por meio da empresa pública Arcus um financiamento de 2,5 milhões à Propaganda Fide para a construção de um museu na sede seiscentista da congregação (projetada por Bernini e concluída por Borromini), de frente para a piazza di Spagna. A investigação terminou sem que se chegasse a uma conclusão, e o processo foi arquivado porque segundo os juízes os crimes ministeriais do tribunal de Perugia haviam prescrito. No mesmo ano em que o Vaticano vendia a Lunardi o céu na Terra por preços de liquidação, também Nicola Cosentino, o poderosíssimo ex-secretário da Economia do governo Berlusconi preso por supostas relações com o clã dos Casalesi, fazia bons negócios com a Propaganda, adquirindo uma casa de 150 metros quadrados por 630 mil euros: nada mau para um apartamento no terceiro andar de uma elegante rua do bairro Prati, onde os preços costumam ser quase o dobro do que foi pago pelo político. "É verdade, a minha mulher é titular do apartamento, que ainda estamos pagando por meio de um empréstimo", explicou Cosentino em uma entrevista. "Refuto qualquer insinuação, não é verdade que aquela casa me foi vendida a um preço de favor, pela metade do valor. Ela me foi indicada por um conhecido de Caserta."

A Propaganda é generosa com todos, mesmo que o dinheiro ganho com a compra e venda se destine em princípio a ajudar as missões. Quatro anos depois de ter vendido a Lunardi e Cosentino, a congregação fez um negócio de ouro também com uma pequena empresa de mediação imobiliária de Busto Arsizio, que vendeu à Propaganda todo um palacete nobre no ano de 2008. A operação, dessa vez, foi acompanhada pelo sucessor do cardeal Sepe, o prefeito e cardeal Ivan Dias, que mora em um apartamento de doze quartos no primeiro andar do imóvel objeto da negociação: foi ele quem decidiu que o Vaticano deveria fazer a compra. Como escreve Carlo Bonini em uma reportagem investigativa do jornal *Repubblica*, o Vaticano investiu 20,3 milhões de euros. Uma cifra importante. Mesmo porque a empresa lombarda comprara os mesmos imóveis da Banca Italease por apenas 9 milhões. Não se trata, porém, de uma revalorização após um tempo: os intermediários compraram o palacete na manhã de 30 de maio de 2008, e o revenderam ao Vaticano ao meio-dia, mas por mais que o dobro do preço.

O sobrepreço recorde parece penalizar apenas a Propaganda, mas o Estado italiano tampouco ganhou um euro sequer dos 4 milhões de impostos que deveria ter recebido da transação: "A parte adquirente [Propaganda Fide] declara para os fins fiscais que o presente ato é integralmente isento do IVA, do imposto de registro, dos impostos hipotecário e cadastral, de qualquer imposto direto ou indireto e dos tributos ordinários e extraordinários, em conformidade com os Acordos Lateranenses de 1929", é o que se lê no contrato de aquisição. Em outras palavras, aquela parte do palacete comprada no centro de Roma desfruta também das vantagens da extraterritorialidade garantidas pelo Estado italiano a muitíssimos outros imóveis da congregação, que ainda paga cerca de 2 milhões por ano de IMU (Imposto Municipal Único).

A era do cardeal Crescenzio Sepe (que confiou a administração de casas e apartamentos a Angelo Balducci – o chefe do "bando" que gerenciava a empresa Grandi Eventi era na verdade um dos três "consultores" da Propaganda Fide) terminou em 2006, e a do prefeito Dias foi concluída em 2011. Hoje o "*papa rosso*"[4] é Fernando Filoni, e está tentando colocar em ordem contas e encargos, fazendo que os secretários convoquem os inquilinos vip e expliquem que, ao final do contrato, os aluguéis serão ajustados aos preços de mercado.

---

4. *Papa rosso* ("papa vermelho"), nome que se dá ao prefeito da Propaganda Fide. (N. T.)

Os aluguéis baixíssimos e contratos de favor são na realidade um dos pontos críticos analisados pela Cosea. Porque, se o império imobiliário permitiu ao Vaticano alcançar, em 2013, "um rendimento total de locações de 88 milhões de euros, dos quais 65 milhões compreendidos na conta econômica da Santa Sé e dois milhões na conta econômica consolidada da Cidade Estado do Vaticano", muito mais poderia ser feito para melhorar a renda. "Em primeiro lugar", explicam os membros da Comissão, "foi observada uma duplicação de atividades entre as vinte instituições que administram bens imobiliários. Existem também importantes deficiências estratégicas: valores de locação muito baixos (incremento potencial dos rendimentos em pelo menos 25 a 30 milhões sem impacto no esforço da Santa Sé de oferecer apartamentos a valores baixos aos seus funcionários); uso ineficiente das unidades (por exemplo, a Livraria Editora Vaticana possui um grande armazém em um edifício prestigioso da piazza San Calisto); nenhuma administração da taxa de retorno e nenhuma transparência sobre o valor de mercado dos bens". Críticas duríssimas. Especialmente contra os favorecidos e os protegidos de todo tipo: os membros da comissão destacam que há funcionários que permanecem nas casas da Apsa ou da Propaganda Fide a preços de favor "mesmo oito anos após o término de suas atribuições" na Santa Sé, enquanto com muita facilidade os inquilinos conseguem obter "uma redução do valor do aluguel a partir de um pedido específico".

Uma montanha de dinheiro

Além de seu imenso *real estate*, o Vaticano possui ações, dinheiro em caixa, obrigações, suas e a cargo de terceiros, e ativos financeiros que valem entre 8 e 9 bilhões de euros no total. Desses, conforme se lê no documento que pressupõe a criação do Vatican Asset Management, "85% estão investidos em ações, 5% em contas bancárias, 5% em fundos estrangeiros, 3% em obrigações e 1% em ouro e matérias-primas". Grande parte da montanha de dinheiro do Vaticano é conservada no IOR e na Apsa, a entidade que Bergoglio gostaria de transformar em um banco central.

Vamos partir daqui. Hoje as chaves da caixa-forte estão no bolso do cardeal Domenico Calcagno, um dos últimos bertonianos que continuaram circulando no novo reino de Francisco. Diferentemente do que ocorre com o Instituto para as Obras de Religião, o balanço não é de domínio público. Pelo menos por enquanto. Lendo a síntese do balanço, descobre-se que a entidade tem ativos de 998 milhões de euros (ano 2013) e que o portfólio de investimentos em euros superou em 2013 a bela cifra de 475 milhões, aos quais devem ser acrescentados investimentos em títulos no valor de 137 milhões de dólares, 33 milhões de libras esterlinas e 17 milhões de francos suíços. A Apsa opera como instituição de crédito e tem emprestado um saco de dinheiro em circulação: na entrada "créditos com os bancos" há na realidade 162,7 milhões de euros, 24,5 milhões de dólares, 8 milhões de libras esterlinas, 4,5 milhões de francos suíços e 29,2 de ienes.

Lendo os dados para o ano de 2013 descobre-se que a Apsa tem em ouro "30,8 milhões: a entrada corresponde a 32.232 onças em lingotes e 3.122 onças de ouro em moeda. O valor diminuiu em 12,4 milhões em relação ao exercício precedente". Um valor que, enquanto se redigia este livro, cresceu novamente, e é – no fim de 2015 – superior a 40 milhões. Também o IOR (examinando o balanço de 2014, este, ao contrário, público) conserva lingotes no valor de 33 milhões de euros, depositados no Federal Reserve e no cofre sob o *torrione*.

Suspeita-se, porém, que sejam dados parciais, e que outra parte das reservas em ouro do Vaticano esteja guardada em cofres suíços e ingleses. São, no entanto, apenas especulações: uma parte significativa do metal amarelo foi vendida entre os anos 1990 e início deste século pelo cardeal Rosalio José Castillo Lara, ex-presidente da Administração desde 1989, e muito próximo de João Paulo II. Uma operação que serviu para sanear as finanças da Santa Sé, que na época viviam situação difícil. Na realidade, quando o cardeal venezuelano entrou para a Apsa, foi obrigado a fazer uma série de operações de exceção, necessárias para cobrir os desastres financeiros causados pelo gerente do IOR, Paul Marcinkus, e pelo escândalo da quebra do Banco Ambrosiano, que drenou parte importante da liquidez da Santa Sé investida no instituto milanês, no qual tinha participação majoritária.

No Oltretevere[5], o vermelho no final do ano era um resultado inevitável, tanto que o déficit do Estado ultrapassou, em 1990, os 100 bilhões de liras. Com bons ancestrais (o tio foi arcebispo de Caracas), educado pelos salesianos de Dom Bosco, o cardeal venezuelano foi nomeado com o objetivo prioritário de sanear as contas. Temido, poderoso e carismático (por trás dos muros circula ainda o comentário de que as iniciais das placas de carro do Vaticano, SCV, querem dizer "Se Castillo Vuole", isto é, "Se Castillo Quer"), entre 1989 e 1995, o sul-americano conseguiu tornar-se, ao mesmo tempo, chefe da

5. Oltretevere, ou seja, "para lá do [Rio] Tibre", é o nome da área de Roma onde se situa o Estado do Vaticano, e também uma das maneiras pelas quais o autor se refere a ele. (N. T.)

Apsa, presidente da Pontifícia Comissão para o Estado da Cidade do Vaticano e presidente da Comissão Cardinalícia de Supervisão do Banco do Vaticano.

Na Apsa, Castillo Lara conseguiu reestruturar o déficit que afligia os sacros palácios há um quarto de século, e o fez cortando custos, obrigando as dioceses de todo o mundo a fazerem contribuições relevantes, vendendo peças valiosas da prataria da casa (o ouro conservado na Apsa, em primeiro lugar) e investindo com sabedoria muito lucrativa os bilhões do banco que presidia. Operação bem-sucedida: se em 1991 a Santa Sé fechava um *annus horribilis* com um rombo de 100 bilhões e 748 milhões de liras, em 1993 o tratamento imposto por Castillo Lara trouxe um primeiro ativo de 2,4 bilhões de liras. Uma obra-prima que foi possível, também, por jogos de cena e invenções, como a fundação Centesimus Annus – Pro Pontifice, fortemente incentivada pelo sul-americano e por João Paulo II. Criada em 1993 com o objetivo declarado de promover por meio de obras e congressos os valores cristãos expostos pelo pontífice na encíclica, o organismo nasce como um *think-tank* americano, um *lobby* no qual prelados e monsenhores se juntam a empresários romanos e financistas católicos. Castillo e o amigo Andrea Gibellini (na época gerente do Banco Popolare di Bergamo, e nomeado por Castillo Lara como novo diretor geral do IOR) conseguiram filiar à fundação a ONG Cariplo, os bancos Ambroveneto, BNA e San Paolo di Brescia, expoentes da chamada *finanza bianca*[6] como Giovanni Auletta e Giovanni Bazoli, passando por presidentes de empresas de futebol como Luigi Corioni (Brescia) e Ernesto Pellegrini (ex-dono da Inter de Milão), e empresários como

6. *Finanza Bianca* ("finança branca") é como ficou conhecido o poderoso grupo de bancos e banqueiros católicos com fortes ligações com o Vaticano. (N. T.)

Alberto Falck, Emilio Riva, Franco Panini, Giampiero Pesenti e Giuseppe Garofano, ex-número um da Montedison. Todos se inscreveram no Centesimus Annus desembolsando um pacote de 50 milhões de liras cada um. Ao todo, entre pessoas físicas e empresas, os sócios fundadores são setenta, para um capital aplicado que superou logo os 3,5 bilhões de liras. Segundo o noticiário, a fundação existe e atua entre nós ainda hoje: organiza congressos e cursos de estudo, financia o prêmio internacional Economia e Società (os vencedores recebem 30 mil euros), mas sobretudo parece aumentar continuamente seus rendimentos: entre contas e títulos, vale atualmente 5,2 milhões, geridos pelo conselho de administração, pelo qual passaram personagens como o conde Lorenzo Rossi di Montelera (hoje simples membro, mas que já foi presidente), Grazia Bottiglieri Rizzo, líder da empresa de navegação homônima, a princesa Camilla Borghese Khevenhüller, o engenheiro Federico Falck, o príncipe Alois Konstantin zu Löwenstein e o maltês Joseph Zahra, hoje um dos homens mais influentes do Vaticano.

No entanto, alguns meses após o batismo da Centesimus Annus, a parábola de Castillo Lara começou a sua descida, sob o peso do escândalo *Tangentopoli*[7] e da superpropina envolvendo Enimont paga pelos Ferruzzi[8], lavada no Vaticano pelo lobista Luigi Bisignani e depois distribuída entre os partidos. Os Ferruzzi também foram

7. *Tangentopoli*, isto é, "cidade da propina", foi o apelido dado ao ambiente de corrupção vigente na vida política e administrativa de Milão e da própria Itália na década de 1990, quando era praxe o pagamento de propina para a concessão de qualquer contrato do governo. (N. T.)

8. O grupo Ferruzzi, gigante do setor alimentício na Itália, foi acusado de distribuir subornos sistemáticos para retirar-se da falida *joint-venture* Enimont, formada em 1989 com a estatal de energia ENI. (N. E.)

acolhidos na recém-nascida fundação, e no IOR Castillo era presidente da Comissão Cardinalícia, isto é, o organismo que deveria ter o cuidado de vigiar possíveis operações de lavagem de dinheiro. "Os Ferruzzi me enganaram", defendeu-se sempre Castillo, que três anos mais tarde abandonaria seu cargo e as chaves do cofre forte, passadas primeiro a Lorenzo Antonetti, depois a Agostino Cacciavillan, em seguida ao cardeal Attilio Nicora e, por último, a Domenico Calcagno: o cardeal bertoniano foi promovido a presidente pelo papa Ratzinger, e confirmado também por Francisco.

Voltemos ao presente e ao balanço da Apsa. A Cosea, sob a gestão Calcagno, vai mal. "Hoje, quanto ao risco e ao rendimento dos investimentos da Apsa, sabemos pouquíssimo. Isso se deve ao fato de que não há linhas de orientação claras, objetivos claros, faltam sistemas de mensuração do desempenho", é o que se lê no documento sobre o VAM (Vatican Asset Management) de 2014. Em outro relatório, o resumo é que a Apsa, para se tornar o novo banco central vaticano, deve percorrer ainda um longo caminho. "Atualmente [a Apsa] é um híbrido que desenvolve diversas funções. Há uma série de deficiências, riscos de reputação, riscos financeiros, riscos de perda de receita (sobretudo no *real estate*, como veremos) e riscos operacionais, já que a ausência de procedimentos sólidos poderia levar facilmente a práticas ilícitas e fraudes." Exatamente isso: como no IOR, também na Apsa "a partir da análise das contas emergiram riscos de lavagem de dinheiro e fraudes". Uma notícia chocante para quem esperava que o Vaticano conseguisse se colocar em ordem por meio da simples reforma do IOR. A Promontory, empresa norte-americana de consultoria que examinou em detalhe as contas do IOR e das entidades vaticanas, listou para a Apsa nada menos do que 92 recomendações, "que, se implementadas num futuro próximo, melhorariam notavelmente a situação atual. Devem ser implementadas com muita urgência".

Há por fim um dado que a Cosea não assinala no documento em posse deste que escreve, mas que está presente no balanço da Apsa e é essencial para compreender a realidade dos desperdícios e da revisão de gastos que o papa anunciou efetuar em vários departamentos. Os custos da cúria vaticana, apenas no ano da graça de 2013, causaram nas contas do organismo um rombo de 77 milhões de euros, coberto graças a uma contribuição direta da própria Apsa e a uma "contribuição da Secretaria de Estado" de 55 milhões de euros.

Faço a minha fundação

Não é difícil descobrir onde ainda podemos encontrar mais dinheiro no Vaticano. No mapa do tesouro não há uma só cruz marcada, mas basta escavar em praticamente qualquer lugar. A entidade chamada Centesimus Annus – Pro Pontifice é apenas uma das fundações que ficaram fora da lista elaborada pela consultoria KPMG em 2014, que descobriu e pesquisou os balanços de várias instituições vaticanas "não incluídas no balanço geral da Santa Sé".

Há os Penitentes de São Paulo, que administram atividades de 9,9 milhões de euros, a Obra Romana de Peregrinações, que tem renda de 33 milhões de euros. Controlada pelo vicariato de Roma, segundo lemos no opúsculo com o qual organizam viagens, "constitui um modelo único de referência para quem quer descobrir a beleza e a profundidade da peregrinação e do caminho. Temos acompanhado e acompanhamos milhares de peregrinos até as raízes da história do cristianismo, oferecendo uma atenta assistência espiritual e técnico-organizacional, cuidada nos mínimos detalhes". O lucro líquido, no último balanço, chegou a 3,7 milhões. Ricos também são os ativos do instituto pontífice Notre Dame de Jerusalém, um centro religioso que João Paulo II confiou aos Legionários de Cristo em 2004, e que embolsa, segundo a KPMG, cerca de 7,8 milhões de euros por ano, graças às acomodações que garante aos peregrinos da Terra Santa. Mais que um "instituto religioso e cultural", na realidade o Notre Dame é um albergue de luxo, com restaurante e *roof garden*: este autor tentou reservar um quarto em 25 de setembro de 2015 para dois adultos, e encontrou quartos "econômicos" por 260 euros a diária. Quem, no entanto, desejar uma "espetacular vista do Monte das Oliveiras" deve pagar 310 euros, que sobem para 520 euros quando se trata da maravilhosa "suíte cardeal" (o nome é esse mesmo) ou 570 euros a diária para a "suíte mosaica", que os legionários oferecem a quem pode permitir-se um ambiente de luxo com "arcos em pedra, painéis e paredes com mosaicos mostrando motivos bíblicos, defronte ao magnífico panorama da cidade velha, convidando a relaxar e a refletir. É decorado com belíssimos móveis antigos, uma salinha, TV, *coffee station*, minibar, uma escrivaninha antiga e internet".

Já a fundação vaticana Joseph Ratzinger-Bento XVI é mais recente. Nasceu em 1º de março de 2010 com o objetivo, explica o estatuto, de promover o conhecimento e o estudo de teologia, e premiar "estudiosos que tenham se distinguido por méritos especiais em atividades de publicação". Segundo a KPMG, hoje seu patrimônio chega a 4,6 milhões de euros, praticamente o dobro da dotação inicial de 2,4 milhões, obviamente depositados em uma conta no IOR. Somente em 2013 o lucro líquido da fundação que recebeu o nome do papa emérito foi de 1,3 milhão, derivado em parte da administração dos direitos de autor dos livros de Bento XVI (mas é ele que a cada ano decide se e quanto destinar), de doações e patrocínios. Evidentemente, o presidente monsenhor Giuseppe Scotti e o conselheiro Georg Gänswein, secretário particular do ex-pontífice, sabem fazer *fund raising* como poucos. E também sabem poupar: tanto em 2010 quanto em 2011 foram gastos 582 mil euros entre congressos, custos do Prêmio Ratzinger (30 mil euros) e algumas bolsas de estudos destinadas a sacerdotes particularmente dotados. Os rendimentos, no entanto, foram muito maiores, permitindo reservar um pequeno tesouro de 300 mil euros. Segundo o noticiário, o vice-presidente foi por longo tempo Paolo Cipriani, o ex-diretor do IOR investigado em 2010 por violações à norma antilavagem de dinheiro e que hoje enfrenta os juízes dos tribunais de Roma.

Também o mui amado Wojtyla teve a honra de ver seu nome em uma fundação, a Fundacja Jana Pawla II, criada em 1981 para promover e realizar "iniciativas de caráter científico, cultural, religioso e caritativo" ligadas ao pontificado do primeiro papa polonês. A partir de 2007, o presidente é o cardeal Stanislaw Rylko, chefe do Conselho Pontifício para os Leigos; até 2004, o pró-presidente havia sido Stanislaw Dziwisz, o histórico secretário do papa tornado santo. Segundo a *due diligence* da KPMG, chegou a ter entre contas e bens variados um patrimônio de 10,7 milhões de euros.

Examinando os documentos e balanços, surpreende como é possível que entidades nascidas com o intuito de promover beneficência ou apoiar atividades de estudo e formação conservem seu dinheiro em cofres, e gastem pouco, ou nada, levando em conta quais são suas missões: a fundação Civitas Lateranensis, entre 2009 e 2011, não obstante um patrimônio em contas e títulos que passou de 2,3 para 2,7 milhões, gastou, no primeiro ano considerado pelos auditores da Prefeitura dos

Negócios Econômicos, 17 mil euros, no segundo 20 mil e no terceiro apenas 7 mil: instituída em 19 de abril de 1996 por João Paulo II, "seu fim institucional é a promoção da Pontifícia Universidade Lateranense".

O relatório Moneyval, órgão do Conselho da Europa convocado para avaliar a conformidade dos Estados às normas internacionais antilavagem, revelou que quase todas as fundações canônicas têm uma conta no IOR: os especialistas da União Europeia (UE) encontraram no *torrione* do banco vaticano cinquenta titulares, e por isso requisitaram que também as fundações fossem submetidas ao controle da Autoridade de Informação Financeira (AIF) do Vaticano, com o IOR e a Apsa. "Pois essas fundações desempenham um papel significativo no financiamento das atividades do Estado da Cidade do Vaticano e das obras sociais e religiosas da Santa Sé", é o que se lê no parágrafo 326 do Relatório atualizado em fins de 2011 e publicado em 2012, "e como tais devem estar acima de qualquer suspeita; portanto, a AIF deveria ter acesso irrestrito a todas as informações relevantes mantidas por essas fundações." Não sabemos se a AIF já meteu o nariz nas movimentações das contas, mas uma coisa é certa: Francisco – por iniciativa própria, em 8 de agosto de 2013 – decidiu que a legislação antilavagem deve dizer respeito a todas as entidades jurídicas vaticanas, não só aos bancos e departamentos, mas também às organizações sem fins lucrativos "que tenham personalidade jurídica canônica e sede no Estado da Cidade do Vaticano".

Caridade zero

Encontramos dinheiro do Vaticano por toda parte. E, quando há tanto, não faltam os desperdícios. Uma preocupação para Francisco, que queria limitá-los o quanto possível, bloqueando esses fluxos infrutíferos e desviando-os para atividades evangélicas, como a caridade e a ajuda aos mais necessitados. A começar pela Capela Musical Pontifícia, definida como "um coral polifônico com sede na Cidade do Vaticano, dedicado ao acompanhamento musical das liturgias presididas pelo papa, e dirigido pelo monsenhor Massimo Palombella", que gastava na época de Ratzinger até 1,6 milhão de euros por ano (dados do último balanço). O coro pessoal do pontífice é o chamado Sistina, e gasta grande parte do dinheiro em viagens ao exterior para "projetos ecumênico-musicais": em 2015 os coralistas cantaram poderosos "Alleluja" até mesmo em Oxford, apresentando-se com colegas anglicanos, e fazendo também espetáculos em Londres e na China, onde se exibiram em uma turnê por Macau, Hong Kong e Taipei.

Se a empresa que imprime o *L'Osservatore Romano* torra quase 5 milhões por ano, a Radio Vaticana perde em torno de 26 milhões, "com um déficit crescente e nenhuma tentativa resoluta para aumentar seu rendimento", ataca outro relatório da Prefeitura dos Negócios Econômicos, de 2013. Enquanto isso, para a "vigilância, segurança e proteção do papa no interior do palácio apostólico e durante suas viagens" o Vaticano gastou, somente em 2011, 5,8 milhões de euros: foi o custo entre despesas, alimentação e alojamento da Guarda Suíça, o corpo que preside, armado de alabarda, as cerimônias na Basílica de São Pedro e na Sala de Audiências Paulo VI. Também o inacessível arquivo secreto vaticano registra apenas saídas (5,8 milhões por ano) e zero rendimentos. Ao contrário da biblioteca apostólica: graças a uma coleção de 180 mil volumes manuscritos ou de arquivo, 1,6 milhão de livros impressos, mais de 8.600 incunábulos, aberta ao público, consegue fazer lucro líquido todos os anos, somando-se a isso um patrimônio em banco de cerca de 4,3 milhões de euros.

Mas uma das entradas mais interessantes analisadas pelos auditores da KPMG é a relativa ao Óbolo de São Pedro. O Vaticano define-o literalmente como uma "ajuda econômica que os fiéis oferecem ao Santo Padre, como sinal de seu apoio à solicitude do sucessor de Pedro para as múltiplas necessidades da igreja universal e para as obras de caridade em favor dos mais necessitados". Na realidade, trata-se de uma arrecadação cujas origens remontam ao final do século VIII, e institucionalizada pelo papa Pio IX com a encíclica *Saepe Venerabiles* de 5 de agosto de 1871 como gesto de caridade dos católicos de todo o mundo para com o pontífice. As ofertas econômicas são arrecadadas tradicionalmente no dia 29 de junho de cada ano, e em 2013 – graças ao efeito Francisco, papa muito amado e popular – foram recolhidos em todo o planeta 78 milhões, um aumento em relação aos 66 do ano anterior (mas ainda inferior à época pré-crise financeira, quando superavam os 80 milhões de euros).

Como é gasto esse dinheiro? Bento XVI definiu o Óbolo como uma ajuda animada pelo amor que vem de Deus: "Assim, é muito importante que a atividade caritativa da Igreja mantenha todo o seu esplendor e não se dissolva na organização assistencial comum", disse Bento. Caridade com os doentes, dinheiro dado aos humildes e aos mendicantes, dinheiro para a evangelização: a essas causas são destinados os frutos da coleta. Também João Paulo II, em 28 de fevereiro de 2003, havia explicado que o Óbolo de São Pedro serve antes de mais nada "para atender aos pedidos de ajuda que chegam de populações, indivíduos e famílias que vivem em condições precárias. Muitos recorrem à Santa Sé para um apoio que com frequência não conseguem obter em outro lugar". O Vaticano é mais explícito ainda: graças ao Óbolo, o papa, como pastor de toda a Igreja, "preocupa-se também pelas necessidades materiais de dioceses pobres, instituições religiosas e fiéis em graves dificuldades, como pobres, crianças, anciãos, marginalizados, vítimas de guerras e desastres naturais; ajudas particulares a bispos e dioceses necessitados, educação católica, ajuda a refugiados e migrantes".

No entanto, os documentos da Cosea revelam que apenas uma parte das doações feitas ao papa é de fato destinada a isso. A caridade dos fiéis (existe também uma conta Iban exclusiva) tem sido destinada a inflar um fundo que não aparece no balanço da Santa Sé, e que em 2013 chegou aos 378 milhões de euros. "Todas as entidades mencionadas na *Pastor Bonus* estão incluídas no perímetro de consolidação", resumem os membros da dissolvida comissão pontifícia ao comentar as análises da KPMG, "mas nem todos os fundos existentes nessas entidades, em sua maioria dinheiro vivo e títulos, são registrados no balanço do exercício. Entre as atividades não consolidadas, os fundos excluídos do balanço consolidado chegam a nada menos do que 471 milhões de euros; desses, 378 correspondem ao Óbolo de São Pedro. Esses fundos são depositados em contas bancárias do IOR, Apsa e outros bancos."

Um dado que choca. O riquíssimo Óbolo é administrado diretamente pela primeira seção da Secretaria de Estado (dirigida até 2013 pelo cardeal Tarcisio Bertone e hoje pelo sucessor Pietro Parolin), que há muitos anos investe o dinheiro do fundo como julga melhor.

Um parágrafo do relatório Moneyval lança luz também sobre a verdadeira destinação final do dinheiro recolhido: "O Óbolo de São Pedro, que compreende as contribuições para as obras de caridade do

High level findings KPMG work on consolidation perimeter

Main conclusions

- Consolidation perimeter. **All the entities mentioned in the Pastor Bonus Constitution are included in the scope of consolidation, but not all of the funds (mainly cash and securities) existing in these entities form part of the annual accounts.**
- Assets not consolidated. **The funds excluded from the consolidated annual accounts amount to no less than Euros 471 million, Euros 378 million of which correspond to Peter's Pence. These funds are deposited in bank accounts at IOR, APSA or other banks.**
- Other assets. **Other funds exist which are not included in the consolidation or deposited in the bank accounts and are kept in safes at the Congregations, Councils etc. It is therefore difficult to calculate the total amount of cash, as funds deposited in bank accounts can be traced, whereas cash kept at the Dicasteries and other Institutions cannot be identified.**
- Consolidation at APSA level. **APSA carries out the accounting of most of the Dicasteries grouped together. This makes it impossible to identify individual expenses and income, bank balances and assets for each of the Dicasteries and other Institutions and prevents these entities from adequately managing their funds.**

Urgent measures to be taken

- Funds deposited at banks but not consolidated. **Urgent freezing of those bank accounts opened under the name of the Dicasteries or other Holy See Institutions and which are not included in the annual accounts.**
- Funds not deposited nor consolidated. **Request declarations from the Curia Institutions of cash, securities, ownership titles etc. not deposited with IOR or APSA. Request that these items be deposited immediately in the aforementioned bank accounts.**
- Proper consolidation. **Break down the financial information prepared by APSA and assign ownership of assets and liabilities to each of the Holy See Institutions. Include cash balances, securities etc. outside the consolidation cycle to obtain full accounts at 30 June 2014.**
- Way to IPSAS. **Taking as a basis these accounts, make the necessary adjustments to adopt International Public Sector Accounting Standards (IPSAS) at the reporting date of the individual and consolidated annual accounts of the Holy See at 31 December 2014.**

Measures to be taken in 2014

- Accounting centralization. **Set up a single accounting centre with the capacity for legislation, management and control, to deal with accounting standards and internal control in order to strictly monitor the treatment of accounting events and enable the segregation of functions regarding the management of funds.**
- IT centralization. **Likewise, unify the IT systems into a single platform integrating the accounting and budgetary information of the Holy See Institutions.**

Síntese do relatório da empresa de consultoria KPMG sobre o balanço vaticano em 2013. Destaque para o segundo tópico, a respeito do valor acumulado em contas pelo Óbolo de São Pedro, que recebe doações de fiéis e repassa uma quantia irrisória para caridade: "Os fundos excluídos do levantamento anual das contas do Vaticano chegam a quantia não menor que 471 milhões de euros, dos quais 378 milhões de euros correspondem ao Óbolo de São Pedro. Esses fundos são depositados nas contas do IOR, da Apsa e de outros bancos".

papa provenientes das paróquias, das fundações e de fiéis individuais, assim como dos Institutos de Vida Consagrada e das Sociedades de Vida Apostólica, alcançava o montante de 67.704.416 euros em 2010. Os desembolsos eram constituídos principalmente por despesas comuns e extraordinárias dos departamentos e das instituições da Cúria Romana". Na prática, o dinheiro do Óbolo, quando não é guardado no colchão ou investido no mercado financeiro, é usado para as necessidades econômicas dos departamentos e dos cardeais romanos, e não em obras de caridade.

2

IOR, mentiras e contas secretas

A insônia do rico faz definhar o corpo
e a sua preocupação lhe tira o sono;
A preocupação da subsistência afasta o sono,
e a doença grave torna o sono instável.
ECLESIÁSTICO 31, 1-2

A Cosea, resumindo o relatório da KPMG sobre os ativos excluídos do balanço, esclarece que além do Óbolo "existem outros fundos não incluídos na consolidação ou depositados em contas bancárias ou em caixa-forte junto às congregações, conselhos etc. É, portanto, difícil calcular o montante total de dinheiro líquido uma vez que os fundos depositados em contas bancárias são rastreáveis, enquanto o dinheiro conservado nos departamentos e outras instituições não pode ser identificado".

O que, ao contrário, fica mais claro (pelo menos em parte), é o quanto está dentro do IOR. Revirar como se fosse uma meia o banco vaticano, última etapa da caça ao tesouro na Santa Sé, foi um dos primeiros objetivos de Francisco. Da quebra do Banco Ambrosiano, com corolários dramáticos como a morte de Michele Sindona e do presidente Roberto Calvi, encontrado enforcado em Londres debaixo da Blackfriars Bridge, passando pelo Tangentopoli e pela lavagem de dinheiro da propina de Enimont até os escândalos financeiros do sacerdote de origem lituana Paul Marcinkus e de Donato De Bonis, o Instituto para as Obras de Religião tornou-se para a opinião pública o símbolo de tudo o que é nefando, de operações suspeitas, histórias obscuras e acontecimentos controversos.

Desse buraco negro surgiram, de 1942, data da criação do IOR, a 2015, dezenas de casos que foram parar no noticiário sobre as atividades do judiciário, tendo o banco como protagonista absoluto também nas recentes investigações sobre a Grandi Eventi (o empresário e *gentiluomo* de Sua Santidade, Angelo Balducci, tinha uma conta no instituto) e sobre lavagem de dinheiro, que envolveram tanto um prelado da Apsa, Nunzio Scarano, como Paolo Cipriani e Massimo Tulli, respectivamente o diretor do banco e seu braço-direito.

Assim que chegou, em julho de 2013, Francisco anunciou que não sabia ainda se iria reformar o instituto ou fazê-lo fechar as portas. "Alguns dizem que provavelmente é melhor que seja um banco, outros que seja um fundo de auxílio, outros que é melhor fechá-lo", explicou aos jornalistas antes de decidir, alguns meses mais tarde, que o IOR continuaria a fornecer "serviços financeiros especializados à Igreja Católica em todo o mundo", com maior transparência e mais honestidade. Um dos primeiros resultados foi a criação de um site e a publicação, em outubro de 2013, do primeiro relatório anual no qual são apresentados os números do patrimônio, ativos, empresas controladas e depósitos de terceiros. O mais recente relatório foi publicado em 2015, relativo ao ano anterior. A partir dele, sabe-se que o banco tem patrimônio líquido de 695 milhões, e administra para os seus clientes quase 6 bilhões de euros, entre depósitos em conta e administrações patrimoniais. E, se o valor dos depósitos caiu, os investimentos financeiros cresceram quase 1 bilhão em relação aos dados de 2008: os clientes estão atrás de taxas de juros um pouco mais altas em relação às garantidas pelos depósitos apenas. Metade dos usuários, diz o relatório, é constituída por ordens religiosas, seguidas pelos escritórios da Santa Sé e pelas nunciaturas apostólicas, cardeais, bispos e monsenhores (9%) e pelas dioceses. Ao todo são 15 mil (número que decresceu na comparação com os 25 mil de 2012) e são quase todos italianos ou residentes na cidade do Vaticano: dos 6 bilhões de euros, apenas 700 milhões são atribuídos a clientes de outros países europeus, da África ou da América. O lucro líquido do banco foi de 69,3 milhões, dos quais 55 acabaram como dividendos nos cofres da Santa Sé.

O IOR controla também uma pequena empresa imobiliária (a SGIR, que possui em Roma imóveis registrados em balanço por 2,1 milhões de euros) e um imponente portfólio de obrigações, que viu deteriorar sua classificação de risco na Standard&Poor's: após a piora da classificação de risco sobre débitos soberanos de alguns países dos quais o Vaticano comprou títulos de Estado (principalmente da Itália), também a classificação de risco das obrigações em poder do instituto piorou: 53% dos títulos estão compreendidos entre as faixas BBB+, BBB, BBB-, BB, isto é, de obrigações ainda seguras mas não de risco zero.

Em outro documento interno sobre dados do primeiro trimestre de 2015 e nunca publicado antes, descobrem-se outros detalhes sobre os emitentes dos títulos do portfólio do IOR: 19% dos investimentos totais foram feitos em títulos do Estado italiano, 10% em títulos do Estado espanhol, 3% em títulos franceses e 2% em americanos. Mas o IOR investiu também em títulos do Banco Santander, fundado por Emilio Botín (desde sempre uma instituição considerada próxima da Opus Dei, e que corresponde a 4% do portfólio do IOR), do alemão LBBW (4%), do holandês Rabobank (2%) e do grupo japonês Nomura. "Rezo para que a instituição trabalhe não simplesmente para fazer crescer um patrimônio, porque isso, em si, é totalmente desprovido de significado. Ao contrário, desejo que a instituição caminhe rumo a uma transformação que permita que os princípios do Evangelho permeiem também as atividades de natureza econômica e financeira", escreveu em uma carta publicada no relatório de 2015 o prelado do banco, monsenhor Battista Ricca.

Além do dividendo de 55 milhões de euros, o IOR administra quatro fundos de caridade. "Por meio de tais fundos foram efetuados ao longo dos anos significativos desembolsos para beneficência", coloca o IOR por escrito em seu relatório de 2015. Que seja, mas cruzando as tabelas os padres não parecem ter se dessangrado pelos miseráveis e desafortunados: nos anos 2013 e 2014, o fundo à disposição da comissão cardinalícia dirigida pelo cardeal Santos Abril y Castelló não desembolsou um tostão furado, apesar de saldo em ativo de 425 mil euros. O fundo para obras missionárias tem em seu poder 139 mil euros, soma constituída principalmente por doações internas, mas nos últimos dois anos tem "concedido para obras missionárias" apenas 17 mil euros. Também o fundo criado para financiar as "Santas

Missas", embora mais conspícuo (tem um saldo que alcançou 2,7 milhões de euros) tem preferido embolsar o dinheiro: em 2014 foi passada para os sacerdotes do mundo inteiro a minúscula cifra de 35 mil euros. "Não é possível abolir o IOR: grande parte da Igreja do mundo é pobre, precisa de financiamento para construir escolas, hospitais, centros de assistência, seminários", declarou um dos mais próximos colaboradores do pontífice, o uruguaio Guzmán Carriquiry Lecour, primeiro leigo a chefiar um departamento, na condição de secretário delegado no comando da Pontifícia Comissão para a América Latina.

É necessário outro aparte sobre o tema da beneficência. Se a Santa Sé não administra diretamente os recursos que chegam à Igreja italiana provenientes do *8 per mille*[9] (o dinheiro que os italianos dão todo ano por meio de sua declaração de renda é gerido pela Conferência Episcopal Italiana [CEI] e pelo Instituto Central para o Sustento do Clero), os dados publicados por um relatório do Tribunal de Contas de 2014 indicam uma tendência de despesa, porque mostram por meio de outros números e registros contábeis a relação proporcional entre o quanto a Igreja investe para seu autossustento e o quanto destina a obras de caridade. Em 2014, graças à lei do *8 per mille*, a CEI obteve 80,2% de toda a quantia suprida pelos contribuintes que optam por destinar uma parte de imposto ao Estado ou às confissões religiosas. A arrecadação foi de 995 milhões, só um pouco abaixo do 1 bilhão e 54 milhões de euros do ano anterior. Um tesouro imenso, obtido por meio de um sistema que, segundo os magistrados contábeis, "contribuiu

---

9. O *8 per mille* ("8 por mil") é a cota da arrecadação do Imposto de Renda que o Estado italiano destina ao financiamento de confissões religiosas, com base em opções que o contribuinte faz em sua declaração, segundo acordo de 1984 entre a República Italiana e a Santa Sé. (N. T.)

para um robustecimento econômico sem precedentes da Igreja Italiana, sem que o Estado tenha provido a ativação dos procedimentos de auditoria de um sistema que se torna cada vez mais oneroso para o Erário".

Além das avaliações do Tribunal de Contas italiano (que evidenciam também como os vários executivos italianos reconfirmam na CEI, instituída em 1992, sempre os mesmos dois componentes governamentais), o estudo revela uma ausência absoluta de "verificações sobre a utilização dos fundos" e que apenas 23% da soma que os italianos doam à Igreja são gastos em ações beneficentes e em favor dos mais pobres e necessitados. Embora a publicidade na TV (somente na RAI, a CEI comprou entre 2004 e 2013 espaço publicitário equivalente a 40 milhões) insista em contar a história da caridade, a imensa maioria do dinheiro é usada para pagar as despesas dos sacerdotes italianos, para investimentos referentes à construção de conventos, basílicas e capelas e para o sustento econômico das dioceses italianas. Em outra prestação de contas redigida pela Conferência Episcopal Italiana e referente ao ano de 2015, com efeito encontramos a prova dos nove: acrescentando apenas os dados relativos às entradas anuais sobre a "promoção da catequese" na Itália (mais de 32 milhões, que eram 50 em 2013) e sobre as atividades dos tribunais eclesiásticos para as causas matrimoniais (outros 13 milhões) e as "exigências de importância nacional" referentes a exigências de culto (quase 42 milhões), o resultado se equipara à soma total destinada pela Igreja aos países do Terceiro Mundo. Não deve surpreender, portanto, que a Comissão Paritária tenha recentemente evidenciado, talvez a contragosto, a "insuficiente quantidade de intervenções caritativas". De 1990 a 2015 a Igreja Católica recebeu por meio do *8 per mille* 19,3 bilhões de euros de financiamentos.

As contas secretas

Vamos voltar ao IOR. A instituição e a mídia vaticanas, bem como manchetes publicadas em várias outras partes do mundo, insistem em exaltar a nova trajetória do banco. Voltado, juram elas, para uma transparência absoluta das contas de seus clientes – até ontem cifrados e secretos, inacessíveis às autoridades judiciárias italianas e a quem quisesse meter o nariz nos depósitos daqueles que escondiam seus bens no *torrione* Niccolò V.

A partir de 2010, o IOR, primeiro com o presidente Ettore Gotti Tedeschi, depois com o sucessor Ernst von Freyberg, após seguidos escândalos tentou de fato reverter o curso, a fim de aderir aos padrões internacionais e entrar na *white list* dos países virtuosos, aqueles nos quais há controles rígidos e severos antilavagem de dinheiro e antievasão fiscal. Desde sempre considerado *offshore,* do mesmo modo que as Ilhas Virgens americanas ou a Andorra, o IOR naquele ano requisitou a intervenção dos inspetores do Moneyval, o organismo criado pelo Conselho da Europa em 1997 para cuidar de medidas de prevenção à lavagem de dinheiro e ao financiamento do terrorismo. Na prática, a comissão na prática tem a tarefa de avaliar a conformidade de cada terceiro país com as regras europeias, fazendo avaliações e dando conselhos às diversas autoridades nacionais sobre como melhorar seus sistemas de controle.

O relatório do Moneyval de 2012 admite que o Vaticano tem feito "notáveis progressos" na adoção de medidas normativas para combater a lavagem de dinheiro, mas que a nova estrutura "deve ainda ser testada na prática". Os líderes do banco vaticano e da AIF, a nova Autoridade de Informações Financeiras, criada em 2010 para supervisionar a instituição e presidida desde novembro de 2014 pelo suíço René Brülhart, periodicamente anunciam ter feito uma limpeza com o objetivo de eliminar contas anônimas e contas de quem não tem direito a mantê-las, ou seja, os "leigos" e os clientes de negócios que não residem na Santa Sé. Desde o início dessa limpeza foram "fechadas 4.614 conexões", explica o balanço da IOR publicado em 2015, das quais a grande maioria "dormentes" (inativas ou com saldos muito baixos) ou "fechamentos fisiológicos". Das contas encerradas, 554 eram, ao contrário, de "abusivos": provavelmente profissionais, empresários, políticos, negociantes que usaram o banco vaticano para seus assuntos ou para depositar no exterior somas ganhas na Itália. No momento, apesar das declarações vaticanas e da revolução normativa efetuada, nem todos em Roma estão convencidos que do ponto de vista "operacional" tenha mudado muita coisa em relação aos tempos de Bento XVI. Nas promotorias italianas, Roma em primeiro lugar, e, na Banca d'Italia, as pessoas se perguntam de um tempo para cá se as contas em questão foram de fato encerradas, ou apenas bloqueadas e deixadas dormentes, em segurança, nos cofres de Oltretevere.

Ninguém sabe ao certo onde foi parar o dinheiro dos velhos clientes postos para fora do Vaticano. A filosofia dos administradores do papa parece na verdade norteada pela tarantela napolitana "*chi ha avuto ha avuto ha avuto, chi ha dato ha dato ha dato*": ou seja, se o objetivo final é promover um novo início imaculado, o passado obscuro deve permanecer como tal, e ser rapidamente esquecido.[10]

10. Referência à conhecida tarantela napolitana *Simme e'Napule, paisà'* ("Estamos em Nápoles, amigo"). O refrão da canção diz "Quem teve, teve, teve / quem deu, deu, deu / Vamos esquecer o passado / Somos de Nápoles, amigo!" (N. T.)

É fato que os clientes de maior "peso" e diplomaticamente embaraçosos já haviam entendido que a música estava mudando em 2008, quando começaram a fugir dos muros leoninos para buscar refúgio em outro lugar. As nossas autoridades não tiveram nenhuma informação sobre movimentações financeiras (na época, o Vaticano tinha as mãos livres e podia mover-se sem regra alguma), mas suspeitam que enormes somas de dinheiro foram lavadas em países *offshore* e em alguns bancos da Alemanha. Por que justamente em Berlim? Porque as autoridades antilavagem de dinheiro da Alemanha sempre foram muito ineficientes na comparação com as de outros países europeus: a Financial Intelligence Unit (FIU) de Angela Merkel é, na verdade, um departamento subordinado à polícia alemã, sem autonomia, com pessoal, meios e capacidade de análise financeira incomparavelmente menores em relação aos departamentos italianos da UIF (Unidade de Informação Financeira do Banco da Itália) ou às FIUs francesas ou espanholas.

Os especialistas italianos em lavagem de dinheiro não conseguiram nenhuma informação sobre os clientes que escaparam da primeira tempestade e da chegada do papa Francisco à UIF, nem dos 554 clientes misteriosos escavados pela empresa de auditoria Promontory: apesar do acordo de colaboração assinado em julho de 2013 entre a AIF (na época dirigida por Attilio Nicora) e a própria UIF, até agora a promessa informal de enviar à Itália a lista de todos os clientes suspeitos escondidos no IOR não foi cumprida, e o Bankitalia não conseguiu analisar – exceto em pouquíssimos casos – eventuais transferências ilícitas ou supostas evasões fiscais, que seriam então apontadas para a magistratura italiana para possíveis investigações penais. Houve uma debandada geral que agora poderá levar à impunidade.

Enquanto continuam as notícias, no IOR vêm à tona pouco mais de cem contas suspeitas, entre elas uma dezena encabeçada por nomes excelentes, que poderiam criar vários desconfortos para a Santa Igreja Romana. Seja como for, trata-se de uma herança de clientes leigos a ser ainda liquidada (no balanço a soma foi estipulada em 17 milhões), mas há ainda outros depósitos pertencentes a profissionais e empresários.

"Esses depósitos foram bloqueados", jurou o chefe da AIF, Brülhart. O pessoal da UIF, porém, ficou perplexo ao descobrir – após a leitura de um artigo de jornal em agosto de 2015 – que entre os clientes do IOR estão ainda os netos do falecido comendador Lorenzo Leone. Um administrador da Saúde que acumulou 16 bilhões de liras no banco do *torrione* enquanto dirigia (ou "depredava", como escrevaram os magistrados de Trani em uma recente investigação sobre o hospital) a Casa da Divina Providência de Bisceglie, um manicômio de uma congregação religiosa da qual Leone foi *dominus* quase até sua morte, em 1998.

Ninguém do Vaticano havia advertido as autoridades italianas sobre a existência daquele dinheiro. Só quando os promotores de Trani expediram um pedido internacional é que a instituição confirmou a existência do depósito secreto. Antes de ler a notícia nos jornais, a UIF não sabia de absolutamente nada. Não obstante, pelo menos em tese, a AIF deveria ter passado aos colegas da antilavagem de dinheiro as informações da conta do comendador, com meses de antecedência. Mas isso não é tudo. O Bankitalia não só soube que os 8 milhões em nome dos herdeiros estavam ainda no Oltretevere, mas também descobriu que aquelas contas não estavam de fato congeladas, e eram movimentadas periodicamente. Esse caso demonstrou ao Bankitalia que o sistema de antilavagem de dinheiro vaticano ainda não funciona como deveria.

Que as coisas são muito diversas do que aparentam ser é algo que parece comprovado também por outro acontecimento. Enquanto este livro era escrito, a promotoria de Roma expediu para além dos muros da cidade outra rogatória internacional, solicitando prestação de contas e explicações de eventuais bens possuídos por Angelo Proietti. Ele é um construtor, titular da empresa Edil Ars, que ficou célebre porque sua companhia reformou de graça a casa onde viveu durante vários anos o ex-ministro da Economia Giulio Tremonti; um apartamento alugado ao braço-direito do ministro, Marco Milanese, por uma congregação religiosa, o Pio Sodalício dos Picenos. Bem, Proietti é um dos fornecedores históricos do Vaticano e da Cúria Romana, para a qual executou dezenas de obras e reformas, e os promotores – que há meses estão investigando seu patrimônio – têm certeza de que parte de seus ganhos está escondida ainda hoje no Instituto para Obras Religiosas. Também esse acontecimento, caso as hipóteses dos magistrados italianos revelem-se corretas, demonstraria que a Santa Sé troca informações com procuradores e autoridades antilavagem de dinheiro romanas apenas gota a gota. E isso apesar do que está escrito no memorando entre a Itália e o Vaticano: "O protocolo compromete as duas autoridades, a AIF e o UIF, a trocarem amplas e completas informações para o desenvolvimento de suas respectivas tarefas de análise financeira de operações suspeitas. Com tal fim, cada uma das autoridades fornecerá as informações disponíveis ou acessíveis por meio do exercício dos próprios poderes", explicava uma nota oficial do Banca d'Italia após a assinatura do histórico acordo. Até o momento, porém, parece que a fase de testes ainda não foi superada.

Perguntamos à assessoria de imprensa do IOR por que Proietti e outros leigos ainda tinham conta no banco, e responderam que, para ficar conforme à legislação antilavagem vaticana, "o IOR não pode limitar-se a encerrar uma conta. Isso equivaleria a conceder aos detentores uma espécie de 'anistia'. As contas ficam submetidas a um bloqueio preventivo. Então o IOR deve proceder à adequada verificação, tanto da origem dos fundos como da movimentação. Nesse meio-tempo, as contas são submetidas a um monitoramento reforçado. Há então dois cenários possíveis: caso não haja um perfil de anomalia, cessada a adequada verificação, e após a recomposição de todo o patrimônio de informações, a AIF pode autorizar o encerramento da conta com uma transferência de crédito a um país dotado de um regime antilavagem de dinheiro efetivo, e, no caso de cidadãos italianos, apenas para instituições de crédito italianas; ou então, caso haja um perfil de anomalia, a conta é assinalada preventivamente para a FIU do país de cidadania". O IOR nem confirma nem desmente a existência da conta de Proietti. "Não é possível falar de casos concretos, pois seria violar o sigilo profissional e o sigilo do procedimento judicial, mas se Proietti tinha uma conta no IOR, e essa conta estava em 'não conformidade' com a legislação antilavagem vaticana e à nova política do IOR, o que é possível afirmar é que isso foi submetido ao procedimento exposto.

"O fato de uma autoridade judiciária de um país estrangeiro solicitar a colaboração da Santa Sé não significa que a conta esteja ainda aberta ou ativa, ou mesmo que nesse meio-tempo a autoridade judiciária vaticana já não esteja investigando o caso."

A vontade do papa de revolucionar os hábitos do banco não é posta em discussão nem mesmo pelos pesquisadores italianos mais céticos, mas, que no Vaticano existem ainda fortes bolsões de resistência ao mantra da transparência absoluta, isso é – dossiê em mãos – inegável. Se a ideia é tornar o banco incorruptível no futuro, o passado ainda pesa como uma rocha, e limpar as manchas e as incrustações para fazê-las desaparecer definitivamente não é operação simples, sobretudo quando não se quer trair a confiança dos velhos clientes, sejam eles quem forem. A estrada da redenção corre o risco de ser ainda longa, não obstante as repetidas afirmações dos cardeais "sobre a luta sem trégua a toda opacidade". Hoje, por enquanto, para a Banca d'Italia o IOR continua sendo "um banco extracomunitário que opera em um ordenamento que não está incluído na lista dos países extracomunitários com regime antilavagem equivalente".

Os truques de Caloia

"A primeira prova da caridade do padre, e sobretudo do bispo, é a pobreza", refletia Victor Hugo em *Os miseráveis*, em 1862. O que teria dito o escritor francês, que fustigava o clero rico e cobiçoso, se tivesse assistido às guerras pelo controle do tesouro vaticano e visto o que está guardado nos cofres do banco fundado em 1942 pelo papa Pio XII? Uma fortuna que trouxe à Santa Sé escândalos e dores, corrompendo a alma daqueles que, sacerdotes, leigos e homens de Igreja, se deixaram ofuscar por ela.

Após as operações predatórias de Paul Marcinkus, presidente da instituição de 1971 a 1989, para recolocar as coisas no lugar João Paulo II chamou Angelo Caloia, número um durante vinte anos inteiros. O livro *Vaticano S.A.* [Editorial Presença, 2010], de Gianluigi Nuzzi, relatou com abundância de detalhes o IOR daquela época, publicando as cartas do arquivo do monsenhor Renato Dardozzi sobre as operações secretas e sobre as manobras do prelado da instituição – Donato De Bonis, inimigo jurado de Caloia e inventor, com Marcinkus, da contabilidade "paralela" da instituição, um sistema usado para lavar na água benta o dinheiro sujo que chegava ao Vaticano e as propinas destinadas a partidos e políticos.

Pouco se sabe, porém, sobre a investigação aberta pelo promotor de justiça Gian Piero Milano em meados de 2014 justamente a respeito de Caloia, banqueiro das "finanças brancas" católicas, vindo da Lombardia para sanear as contas e fazer esquecer os escândalos da quebra do Banco Ambrosiano. De salvador da pátria e célebre moralizador, o financista que aplaudia a decisão de Francisco de criar uma comissão para investigar o IOR ("Estou convencido de que haverá um retorno às origens; evitando os caminhos comerciais e especulativos e, em vez disso, assentando os trilhos da solidariedade, essa instituição poderá desempenhar um papel positivo na comunidade eclesial", dizia em 2013) acabou coberto de lama, denunciado por peculato pelos novos diretores que se dedicaram a investigar supostas infrações ocorridas sob o comando do ex-presidente. Caloia, com o ex-diretor do IOR Lelio Scaletti e o advogado Gabriele Liuzzo, seria na realidade cúmplice, segundo as teses da acusação, de uma operação imobiliária ilícita conduzida entre 2001 e 2008. Os três teriam vendido praticamente todo o patrimônio imobiliário do banco vaticano, liquidando a um custo subdimensionado um tesouro de casas e apartamentos no valor de 160 milhões para algumas empresas obscuras situadas em paraísos fiscais. Eram *holdings* estrangeiras controladas por italianos, que depois revendiam os imóveis comprados do Vaticano (no total uns trinta, quase todos em Roma) por preços muito mais altos, obtendo assim grandes ganhos de capital. Segundo as acusações, todas ainda a serem provadas, por trás de algumas dessas empresas estavam também Caloia e Scaletti, que teriam lucrado milhões, em prejuízo do banco que dirigiam.

A investigação foi iniciada em meados de 2014, após verificações internas feitas pela Promontory, que detectou estranhas operações de compra e venda com empresas de fachada domiciliadas também nas Bahamas. Mas, depois que o escritório da promotoria anunciou a abertura do processo, a partir de uma denúncia feita pelo então presidente Ernst von Freyberg, não se soube mais nada. Analisando, porém, os dados do cadastro italiano, fica evidente que a partir de 2002 o IOR vendeu imóveis a empresas *offshore* como a Collina Verde (subordinada à Woodhill Homes Limited, de Londres, cujos sócios são protegidos por sigilo) e, sobretudo, à Marine Investimentos Sud, protagonista absoluta do grande negócio vaticano. Controlada por uma financeira de Luxemburgo (a Longueville, por sua vez, é de propriedade de uma *holding* com base em Montevidéu, no Uruguai), nos anos 2000, a Marine teve como administradores Erasmo Cinque e Michele Nicola D'Adamo, que no passado já haviam sido condenados a quatro meses pela maxipropina envolvendo Enimont. Outra pessoa que comprou casa da Marine – em setembro de 2004 – foi Renata Polverini, ex-presidente da Região do Lácio: a atual deputada pela Forza Italia[11] já havia adquirido, dois anos antes, uma casa geminada, próxima do próprio IOR, com nove

11. Forza Italia é um partido político italiano fundado em 1994 e extinto em 2008. Sua principal figura, fundador, presidente e líder, é o magnata Sílvio Berlusconi, ex-primeiro-ministro italiano. (N. T.)

aposentos, dois estúdios e três sacadas na estupenda zona do Aventino, pela qual pagou apenas 272 mil euros.

Não sabemos quais são as empresas suspeitas identificadas pelo Vaticano. Mas o promotor trabalha com a hipótese de que os três investigados teriam idealizado essa operação feita por tabela e acumulado por meio da triangulação cifras estratosféricas: no final, a trapaça teria permitido ao grupelho levantar pelo menos 60 milhões de euros, dinheiro subtraído do banco do qual o próprio Caloia era presidente. Por enquanto, o procurador-geral da Santa Sé obrigou o IOR a congelar as contas que os investigados haviam aberto na instituição da Santa Sé: ao todo, são 17 milhões de euros, mas considera-se que estes são apenas parte da soma lucrada com os imóveis. "Desconcertado, atônito e profundamente deprimido, posso assegurar a todos a minha total estranheza em relação aos fatos", foram essas até agora as únicas palavras publicadas por Caloia, em uma carta enviada ao conselho de administração da Veneranda Fabbrica del Duomo di Milano, do qual o ex-herói das finanças brancas se tornara presidente.

Todos contra todos

A presidência de Caloia no IOR terminou muito antes do escândalo imobiliário: foi em 2009 que Bento XVI – por sugestão de Tarcisio Bertone – nomeou como novo presidente Ettore Gotti Tedeschi, banqueiro considerado próximo da Opus Dei e fundador da filial italiana do Banco Santander. Sua parábola terminou após três anos de trabalho, em 12 de maio de 2012, depois da tentativa de Gotti Tedeschi de introduzir *best practices* para melhorar finalmente a transparência do IOR.

O banqueiro foi então caçado de modo unânime pelo conselho de superintendência, com a justificativa de "não ter desenvolvido várias funções de fundamental importância para o seu cargo".

Mas na realidade Gotti Tedeschi pagou o preço por seu duríssimo confronto com o diretor do IOR Paolo Cipriani e seu vice Massimo Tulli (hoje imputados por violação das normas antilavagem de dinheiro após uma investigação na qual foi envolvido até o próprio Gotti Tedeschi, que, no entanto, teve as acusações contra ele arquivadas em 2013), pois ambos os diretores do IOR eram contrários às suas propostas de inovação. Sua defenestração também se deveu à queda de braço com a Secretaria de Estado, à época dirigida por Bertone: "Em dezembro de 2011, após uma inspeção da Moneyval que fazia a avaliação do caminho percorrido", contou o próprio Gotti Tedeschi em janeiro de 2015 ao jornal *Catholic Herald*, explicando os motivos de seu afastamento, "foi preparado com surpreendente rapidez um esboço de uma nova diretriz que modificava a lei antilavagem de dinheiro e o papel da AIF. O ponto-chave dessas modificações estava no fato de que a AIF deixava de ser um corpo independente para ficar submetida à supervisão da Secretaria de Estado, confundindo-se o papel de controlado com o de controlador. Isso criou uma situação extremamente difícil para o cardeal Nicora, para o conselho da AIF e para este que subscreve". A cláusula relativa à desobstrução, que obrigava a AIF a se submeter à Secretaria de Estado e que fazia recuar anos-luz a luta contra a lavagem de dinheiro, foi efetivamente inserida em janeiro de 2012, mas removida após menos de um ano, a fim de permitir a assinatura de acordos internacionais que de outro modo não teriam sido pactados.

Derrubado Gotti Tedeschi em fevereiro de 2013, Bento XVI, poucos dias após seu anúncio de renúncia do assento papal que desconcertou o mundo inteiro, convocou para assumir o IOR Ernst von Freyberg, riquíssimo industrial alemão e já presidente do Blohm+Voss Group, uma empresa de construção naval que projeta até encouraçados de guerra. De início, seu mandato na instituição vaticana não era claro, mas a proclamação do papa Francisco, jesuíta eleito com a tarefa de acabar com os escândalos e iluminar eventos obscuros, acelerou a transformação do IOR em uma instituição transparente. "Uma casa de vidro", prometeram os homens do novo rumo.

Nos meses de interregno entre a caçada a Gotti Tedeschi e a chegada de von Freyberg, os falcões próximos à linha de Bertone (relutantes em trocar informações com as autoridades judiciárias no exterior) conseguiram "deslocar" o primeiro diretor da AIF, Francesco De Pasquale, ex-funcionário da Banca d'Italia, para o conselho diretor da Autoridade de Informações Financeiras (um *board* sem poderes efetivos) e colocar em seu lugar o suíço Brülhart (já diretor do organismo gêmeo em Luxemburgo). Mas a exclusão dos velhos dirigentes tornou-se a missão dos fidelíssimos convocados a Roma por Bergoglio. Entre 2013 e 2014, os italianos, considerados os principais responsáveis pelos escândalos financeiros, foram postos para fora de todos os cargos, desde o colégio cardinalício do IOR até a presidência da AIF, dirigida desde 2011 pelo cardeal Nicora.

Da matança não se salvou ninguém. Bertonianos e antibertonianos, bons e maus, investigados e inocentes: o diretor do IOR, Cipriani, e seu vice, Tulli, demitiram-se no começo de julho de 2013, e Nicora – primeiro presidente da Autoridade e que elaborou o memorando com a UIF – também foi demitido por ultrapassar o limite de idade em janeiro de 2014. Substituído pelo bispo Giorgio Corbellini por alguns meses, em novembro de 2014 teve sua poltrona confiada a Brülhart, promovido de diretor a número um da AIF. A partida anti-italiana já estava encerrada alguns meses antes com a exclusão de todos os cinco membros italianos da diretoria da AIF: os juristas, próximos de Nicora, haviam entrado em confronto aberto com Brülhart. Acusado, segundo eles, de mantê-los no escuro em relação a "quase toda atividade" da Autoridade, como enfatizaram por escrito em uma carta enviada ao novo secretário de Estado Pietro Parolin e publicada por Franca Giansoldati do *Messaggero*. Na missiva, De Pasquale e os outros colegas denunciaram que "nunca puderam avaliar se a gestão das indicações suspeitas" havia sido conduzida com respeito às leis. Mas Brülhart era inatacável. Sobretudo porque caíra nas graças do novo homem forte do Vaticano, o cardeal australiano Pell. Este fora chamado por Francisco para fazer uma limpeza nas finanças da Santa Sé: como veremos, o papa criou especialmente para Pell um novo departamento, a Secretaria da Economia, uma espécie de superministério com a tarefa de controlar e gerir o tesouro da Santa Sé.

Pell e seus conselheiros decidiram dar a carta de referências também a von Freyberg, considerado alguém não alinhado, embora tenha sido justamente ele, de acordo com o papa, quem chamou a Promontory para fazer um escaneamento das contas e clientes do banco. Foi em junho de 2014 que o alemão compreendeu que a sua aventura no Oltretevere seria encerrada antes do previsto, ao ler uma mensagem expedida pelo novo prelado do papa no IOR, monsenhor Battista Ricca. A missiva era cheia de contestações: von Freyberg, lamentava Ricca, não lhe teria descrito todos os detalhes de um empréstimo de 15 milhões de euros que em 2011 o IOR havia concedido à Lux Vide, de Ettore Bernabei, uma produtora de ficção para TV com amplo acesso ao Vaticano. Não era só isso. O alemão não teria administrado bem a finalização de uma antiga operação imobiliária em Budapeste. Havia alguns anos, o Vaticano de fato adquirira de um *private equity* um fundo proprietário do antigo palacete da Bolsa, um grande imóvel no centro da capital húngara que – de acordo com o projeto inicial – deveria ser reformado para a construção de pequenos apartamentos que seriam vendidos no mercado. Operação que teria sido insana, segundo a Promontory, do ponto de vista econômico.

Von Freyberg não compreendeu o real motivo do ataque: as operações das quais o prelado reclamara foram idealizadas e realizadas antes de sua chegada, e ele, banqueiro originário de uma nobre família suábia, teria tentado remendá-las de algum modo. Como no caso do fundo Ad Maiora, no qual o IOR chegou a investir até 230 milhões de euros. Era uma iniciativa "proposta pelo diretor Cipriani", lemos em outro documento da Cosea, "e aprovada em abril de 2012 pelo conselho de superintendência para alocar uma parte do capital no setor de finanças éticas e investimentos alternativos". A operação previa a constituição por parte do IOR de fundos de investimento estrangeiros (em Luxemburgo e Malta) "sob a orientação de uma empresa de consultoria na área do investimento ético, a ECPI de Milão". Uma SRL fundada por alguns professores da [universidade] Bocconi e com participação também de uma empresa inglesa, a Blue Capital, de Londres.

O documento dos especialistas que esquadrinharam as escolhas do antigo administrador do IOR concentra-se nas cláusulas do contrato com a milanesa ECPI, que prevê esforços para investir quantias relevantes, além da impossibilidade de sair dos fundos sem um aviso prévio de prazo muito dilatado e de alta comissões. Sim, em catorze meses a consultoria da empresa de Milão custou nada menos do que 1,4 milhão de euros, na prática 100 mil euros por mês. Enquanto "para o fundo Optimum a consultoria prestada e presumivelmente a ser paga chega a 3,5 milhões de euros... Há um risco elevado", conclui o documento, "de se recorrer às vias legais para obter o fechamento dos fundos e de sofrer ações legais por parte da ECPI: o contrato prevê uma duração ilimitada e de qualquer modo não inferior a cinco anos, e foi bloqueado pelo IOR após apenas catorze meses". O professor Michele Calcaterra Borri, um dos sócios da ECPI, admitiu a este que escreve as relações com o IOR, replicando porém que "as nossas comissões estão alinhadas com o mercado e foram explicitadas em 2012 diante do conselho de administração do instituto". No final, o IOR saiu do fundo, com a perda de algumas dezenas de milhões: "Não temos nada contra o fundo Optimum, mas assumimos uma política de investimento diferente em relação ao passado", limitou-se a comunicar o porta-voz do IOR Max Hohenberg.

Von Freyberg foi substituído poucas semanas depois da carta do monsenhor Ricca, e a partir de então o IOR, o seu tesouro e as estratégias financeiras vaticanas foram administrados direta ou indiretamente por três pessoas: o cardeal Pell e dois financistas leigos, o malteses Joseph Zahra e Jean-Baptiste de Franssu, conselheiros privilegiados do australiano. Ambos já eram, desde julho de 2013, membros da Cosea (a comissão que cuidava dos negócios econômicos, escolhida depois de ter apresentado as conclusões do relatório ao papa), e Zahra é hoje um dos sete membros leigos do novo Conselho para a Economia, que – com oito eclesiásticos – tem a tarefa de, com a Secretaria de Pell, supervisionar as escolhas econômicas vaticanas. De Franssu, por sua vez, assumiu como novo presidente do IOR.

São eles que comandam o *torrione* na nova era de Francisco. Os cardeais italianos não gostam deles, achando excessivo o poder deixado nas mãos do *lobby* que gira em torno da Misco Malta, a empresa de consultoria financeira criada por Zahra, que é vice-coordenador do Conselho para a Economia. Se na internet ainda há vestígios de quando De Franssu era convidado a dar conferências na subsidiária Misco Directors Network, o único componente italiano chamado para o conselho se chama Francesco Vermiglio. É um advogado de Messina que fez parte do conselho de administração da Banca di Malta quando Zahra era diretor e que, em 2011, criou com o amigo financista a Misco Advisory Ltd, uma *joint venture* formada pelo escritório Vermiglio e pelo grupo maltês com o qual se esperava levar capitais italianos para a ilha, considerada até 2010 um paraíso fiscal. Em Messina, os Vermiglio são muito conhecidos: o irmão de Francesco, Carlo, foi vice-presidente do Conselho Nacional Forense, e seu nome apareceu com frequência nos jornais locais por suas supostas relações com a maçonaria. "É a pura verdade. Eu me orgulho de ter sido inscrito na loja La Ragione até 1988, e depois entrei em dormência, como se diz no jargão maçônico, e não frequentei mais a loja. Meu irmão? Nunca foi inscrito", explicou Carlo a este autor em 2014, durante uma entrevista.

De Franssu é também diretor administrativo da empresa Incipit, e gerente do Tages Capital Group, do financista italiano Panfilo Tarantelli; e o filho de De Franssu, Luis-Victor, foi contratado março de 2014 justamente pela americana Promontory, que agora conhece todos os segredos do Vaticano e do IOR. O enorme poder que os americanos acumularam no Oltretevere é agora, para muitos, um paradoxo. Porque, enquanto o papa Francisco ataca implacavelmente os poderes obscuros das finanças mundiais nos seus discursos e nas encíclicas (como a *Laudato si'*), no Vaticano a empresa de consultoria americana manda e desmanda há dois anos. Considerada muito próxima do governo de Washington, cidade onde tem sua sede, a Promontory é não só a única que teve realmente acesso a todas as contas e a todos os clientes, mas tem ou teve relações profissionais com todos os novos dirigentes do IOR: como Rolando Marranci, atual diretor geral com um passado no banco BNL e por breve tempo consultor da Promontory, e o novo diretor do departamento de risco Antonio Montaresi, também ex-funcionário da Promontory no Oltretevere. Von Freyberg também nomeou como consultores sênior do banco Elizabeth McCaul e Raffaele Cosimo, respectivamente sócia da agência Promontory de Nova York e chefe da agência europeia da empresa sob a grande cúpula. Nem todos, porém, estão felizes com a presença dos norte-americanos. Não só porque os cardeais temem que dados delicados sobre as contas e os clientes acabem nas mãos de estrangeiros, mas também porque a Promontory, paladina da transparência, paga pelos bancos do mundo inteiro para revelar as operações opacas ocultas em seu interior, foi abalada por um gigantesco escândalo em agosto de 2015, que mina o mito de sujeito privado, mas capaz de fornecer avaliações independentes.

O Departamento de Serviços Financeiros de Nova York (NYDFS) de fato suspendeu, em 5 de agosto 2015, as atividades da empresa naquele Estado, acusando-a de ter "acobertado" atividades ilícitas realizadas por um de seus clientes a fim de protegê-lo de eventuais sanções econômicas. Exatamente isso: lendo o relatório do NYDFS, descobre-se que, quando era consultor do banco inglês Standard Chartered, o grupo que deve promover a transparência no Vaticano teria propositalmente eliminado de alguns relatórios a informação de certas transações financeiras que a filial nova-iorquina da Standard Chartered havia feito com o Irã.

Operações ilegais, visto que na época Teerã estava sob embargo internacional. "Há numerosos exemplos que demonstram que a Promontory, sob a direção do banco ou sob recomendação dele, ou ainda por iniciativa própria, realiza mudanças para 'suavizar' e 'atenuar' a linguagem usada nos relatórios, evitar perguntas suplementares dos auditores, omitir termos alarmantes ou outras intervenções voltadas para tornar os relatórios mais favoráveis ao banco", escreveram os investigadores do NYDFS, acusando a Promontory "de ter eliminado informações"; de ter usado, em vez de termos técnicos, como "potenciais violações", frases "mais ambíguas e inócuas"; e de ter por fim "deliberadamente removido as transações" com o Irã do relatório. Inicialmente, o grupo defendeu-se anunciando que iria interpor recurso, mas no final decidiu livrar-se dos incômodos processuais pagando uma multa de 15 milhões de euros. O que não é nada comparado com o que o banco pagou em 2012, quando, por não ter respeitado as sanções econômicas e operado 59 mil transações com clientes iranianos num giro de negócios de 250 bilhões de dólares, aceitou pagar à Justiça americana 340 milhões de dólares. Se a Promontory encerrou a questão em tempo recorde, a história demonstra que as dúvidas sobre potenciais conflitos de interesses dos consultores bancários contratados e pagos pelos bancos para investigar a si mesmos estão longe de ser dissipadas.

Cardeal contra cardeal

Após os escândalos financeiros e a sequência de investigações judiciais, o papa esperava que George Pell, o homem que ele mesmo apelidara de *Il Ranger* [O Vigilante], conseguisse finalmente estabelecer a paz entre os capas vermelhas e promover a transparência das contas e entidades. Até agora, apesar da propaganda bergogliana, as coisas não andaram como Francisco esperava. Basta ler a minuta da ata de 12 de setembro de 2014 da Comissão Cardinalícia da Apsa para compreender que as ações de Pell e de seus homens fragmentaram a cúria em um "todos contra todos", muito similar à guerra entre facções que caracterizou a época de Ratzinger e Bertone.

O czar da Secretaria tem muitos fãs, mas a sua gestão e algumas investigações na Austrália, sobre as quais falaremos em capítulos posteriores, minaram sua credibilidade. Assim, é hoje odiado não só pelo velhos lobos que temem perder o que resta de sua influência (como os veteranos de Bertone e alguns "purificados", como Mauro Piacenza, Raymond Leo Burke e Giuseppe Sciacca), mas é detestado também por alguns emergentes que são muito próximos de Bergoglio. "Tem um que faz tudo, e os outros nada", diz, segundo a ata, o neocamerlengo Jean-Louis Tauran, discutindo com os monsenhores Pietro Parolin, Domenico Calcagno, Giovanni Battista Re, Giuseppe Versaldi, Attilio Nicora e outros membros da Apsa. "Estamos em uma fase de sovietização, é muito preocupante". "A meu ver, é perigoso que a Secretaria assuma tudo em suas mãos", concorda Re: "Desse jeito, a Apsa não faz mais sentido".

Tauran e os outros "conjurados", naquele 12 de setembro, ficaram verdadeiramente furiosos. Pell estava havia semanas fazendo pressão para transferir à sua Secretaria todos os poderes do organismo. Francisco já decidira, em julho de 2014, transferir para o departamento do Vigilante a seção ordinária da Apsa (aquela que se ocupa da administração dos imóveis), mas Pell queria mais. Assim, em 5 de setembro de

2014, "ordenou" via e-mail ao cardeal Calcagno, presidente do instituto, "proceder sem qualquer demora" à "transição das atividades da seção extraordinária às de uma tesouraria", intimando o chefe da Apsa "a se abster de tomar outras iniciativas".

O monsenhor, ao reler o e-mail, decidiu contra-atacar. Obteve audiência com o papa, para saber se a blitz do australiano contava com a sua concordância. Francisco disse que caíra das nuvens e decidiu assinar um "rescrito" que bloqueasse a transferência da propriedade de milhares de apartamentos e casas sob a Secretaria. Os cardeais se disseram satisfeitos, mas continuaram preocupados: no esboço da ata o secretário de Estado Parolin afirmava que "os estatutos que estão sendo elaborados vão no sentido de uma transferência também da propriedade". Pell não desistiu. "Fico perplexo ao ver o cardeal Pell tratar desses assuntos por e-mail", interveio, irritado, Nicora: "Seria de esperar que o prefeito de um organismo de tal nível fizesse uso de carta endereçada com protocolo e assinatura, de modo que pudesse constar em ata!".

A ambição do cardeal australiano de pôr as mãos na gestão de todo o tesouro do Vaticano, do IOR por meio de seus homens na Apsa, passando ainda pelos fundos fora do balanço da Secretaria de Estado, foi detida repentinamente em fevereiro de 2015, quando por iniciativa própria Francisco estabeleceu poderes e contrapodres da nova cúria, publicando os estatutos dos novos escritórios: a Secretaria da Economia passou a englobar a Prefeitura dos Negócios Econômicos, da qual herdou, reforçados, os poderes de controle e vigilância sobre os departamentos vaticanos, mas o czar que veio de Melbourne não conseguiu se apoderar, como esperava, dos bens imobiliários da Apsa e da Propaganda Fide, nem mesmo do Fundo de Pensões dos Funcionários e dos Cardeais (que, segundo os documentos reservados da KPMG, chegou em 2014 a superar os 433 milhões), já que este continuou a cargo da Secretaria de Estado comandada por Parolin.

A luta, no entanto, não terminou, nem após a decisão definitiva do papa. Pell, Zahra e De Franssu na realidade trabalharam primeiro na criação de um grande VAM, um único *asset management* do Vaticano, para gerir de modo centralizado os recursos espalhados por departamentos, entidades e organismos variados. Depois, congelada a iniciativa, De Franssu voltou à carga propondo a criação de uma Sicav (uma sociedade de investimento de capital variável) com a qual se administrasse mais livremente os bilhões do IOR. Pena que o projeto, aprovado pelo conselho de superintendência dos leigos do banco, tenha sido bloqueado repentinamente pelos cardeais e pelo papa em pessoa. De Franssu havia na realidade decidido instituir o fundo em Luxemburgo. Um país com vantagens fiscais. "Muitas vezes penso que a Igreja em alguns lugares, mais que uma mãe, é uma empreendedora", disse Francisco, em 19 de dezembro de 2014, na Casa Santa Marta, a sua residência. Nunca poderia imaginar o quanto um desses lugares estava perto dele.

3

Negócios sagrados

Ó execranda fome de ouro,
a que não obrigas o coração dos mortais?
VIRGÍLIO, *ENEIDA*

Há outro documento, da extinta Prefeitura dos Negócios Econômicos, espécie de Tribunal de Contas de Oltretevere que até 2015 – antes de ser substituída pela nova Secretaria da Economia – controlava a gestão financeira do Vaticano, que dá conta de outras riquezas controladas diretamente pela Santa Sé. Chama-se *Administrationes quae a Sancta Sede Pendent*, um documento de 2013 que fotografa todas as entradas e saídas dos escritórios do *Governatorato*[12], da Cúria Romana, das fundações religiosas e dos fundos eclesiásticos. Duzentas e quatro páginas retratando uma *holding* que cobre desde o negócio do turismo

12. O *Governatorato* é a estrutura formal de governo do Estado do Vaticano, composta por um presidente, um secretário geral e um vice-secretário. (N. T.)

até a numismática, dos negócios intramuros até a farmácia, do comércio de gasolina à alimentação. Tudo isso gera a cada ano centenas de milhões de euros, administrados ainda hoje por bispos e monsenhores que protagonizaram no passado polêmicas e escândalos.

Vamos começar pelos Museus Vaticanos. Lendo as cifras do balanço da direção dos museus, nos últimos anos a arrecadação ultrapassou os 66 milhões de 2011 e supera hoje os 90 milhões, com um lucro líquido de 58 milhões: enquanto os turistas chegam em bandos (mais de 5 milhões em 2014, já que agora as salas de Oltretevere com as obras-primas colecionadas ao longo dos séculos pelos papas passaram a fazer parte dos primeiros dez museus mais visitados do mundo), as despesas de administração permaneceram idênticas. Uma nota da Cosea explica que os ingressos correspondem a 84% da arrecadação, mas o *Governatorato* ganha também uns milhõezinhos equivalentes com o fornecimento de alimentação, bares, suvenires – como a *Pietà* de Michelangelo em miniatura – a livraria e o serviço de guias.

O monsenhor Paolo Nicolini, chefe do setor administrativo-gerencial, é o grão-vizir dos negócios ligados aos museus. Desconhecido da maioria, mas temido e respeitado dentro dos muros sagrados, é um dos prelados mais poderosos da cúria de Francisco, que o manteve no comando, embora tenha sido o principal alvo dos dardos arremessados pelo monsenhor Carlo Maria Viganò, ex-secretário de Estado do *Governatorato,* que – por meio de suas cartas ao papa exibidas na TV e publicadas nos jornais – deu ensejo ao escândalo *Vatileaks*, responsável por revelar as lutas de poder no interior da Santa Sé.

Em uma missiva de 8 de maio de 2011 encaminhada ao ex-secretário de Estado Tarcisio Bertone, Viganò atacou duramente Nicolini, alguém estimado tanto por Camillo Ruini quanto pelo próprio Bertone, pintando-o como verdadeiro chefe da máquina de lama vaticana. "O doutor Maggioni [ex-presidente da agência de publicidade Sri]", explicava Viganò na carta que acabou publicada na primeira página do *Il Fatto Quotidiano*, "testemunhou a mim que o autor dos vazamentos provenientes do interior do Vaticano é o monsenhor Paolo Nicolini. O testemunho do doutor Maggioni assume valor determinante, já que ele recebeu essa informação do próprio diretor do *Giornale*, Alessandro Sallusti, com o qual Maggioni tem estreita amizade de longa data." Segundo Viganò, Nicolini, que no passado foi também administrador da Pontifícia Universidade Lateranense, é um homem cujos comportamentos "representam grave violação da justiça e da caridade, que podem ser julgados como ofensas tanto no ordenamento canônico quanto no civil". Durante seu período no ateneu pontifício, escreveu Viganò, "foram encontradas falsificações de notas fiscais e um rombo de pelo menos 70 mil euros, a ele atribuídos. Do mesmo modo, há uma participação de interesses do referido monsenhor na Sri Group, empresa inadimplente junto ao *Governatorato* em pelo menos 2,2 milhões de euros e que, anteriormente, já havia defraudado *L'Osservatore Romano*". São acusações pesadíssimas, que se somavam àquelas sobre a gestão da caixa-forte do *Governatorato*, ou seja, os museus Vaticanos. "São numerosas as coisas a serem ditas a respeito dos diversos aspectos da sua personalidade", continuou o núncio, "vulgaridade de comportamentos e de linguagem, arrogância e prepotência nos confrontos com os colaboradores que não se mostram absolutamente servis em seus contatos, além de preferências, promoções e suposições arbitrárias feitas com fins pessoais: são inúmeras as reclamações por parte dos funcionários do museu, que consideram Nicolini pessoa inescrupulosa e desprovida de sentido sacerdotal."

Embora todos saibam que o moralizador Viganò perdeu a batalha e foi nomeado, segundo a clássica fórmula do *promoveatur ut amoveatur*, núncio apostólico nos Estados Unidos, poucos têm conhecimento de que as acusações contra Nicolini foram avaliadas por uma comissão disciplinar de investigação dirigida pelo monsenhor Egidio Turnaturi, ex-auditor da Sacra Rota. As conclusões nunca foram divulgadas, mas, depois de ter ouvido testemunhos e examinado cartas e documentos, os juízes vaticanos isentaram Nicolini de todas as acusações, considerando-as indemonstráveis, como no caso dos vazamentos à imprensa, ou falsas. É um fato que Francisco deixou monsenhor Nicolini faturando outros milhões, e que por outro lado ainda não reclamou o suposto moralizador de volta dos Estados Unidos.

Se o museu é uma das meninas dos olhos do orçamento do *Governatorato*, a Fabbrica di San Pietro deve em tese cuidar da conservação e decoração da igreja edificada pelo apóstolo Pedro, mas segundo os documentos consultados detém também um patrimônio verdadeiramente notável: apenas 34 mil euros de imóveis, mas quase 52 milhões de euros entre aplicações, contas bancárias e títulos. Um acúmulo em constante aumento: em cinco anos cresceu 25%. O giro de caixa é respeitável, com dinheiro que continua entrando (cerca de 15 milhões por ano), graças também ao que entra do museu do tesouro de São Pedro e às ofertas votivas da basílica. Não só isso. Quem gerencia a igreja mais importante da Cristandade é o Capitólio de São Pedro, "um colégio de sacerdotes", conforme se lê no *Administrationes quae a Sancta Sede Pendent*, "criado no século XI para o governo da basílica". Certo: o pequeno grupo de sacerdotes em 2011 administrava imóveis num valor declarado de 17 milhões de euros (na realidade o dado deveria ser quadruplicado, assinala um relatório da Cosea) e outros títulos bancários, no valor de mais de 10 milhões de euros. Há dois mil anos, dificilmente o pescador Simão, futuro São Pedro, poderia imaginar que em cima da sua tumba seria construída não só a maior igreja da Cristandade, mas um cofre próspero e abarrotado de dinheiro: se a caridade é, por estatuto, uma das funções principais da Fabbrica, também neste caso parece que a opção é fazer beneficência sem recorrer nem aos capitais nem aos "lucros" financeiros.

As chaves do caixa-forte que sustenta a cúpula de Michelangelo estão há dez anos amarradas com cordão duplo à túnica de Angelo Comastri. Um cardeal de Grosseto que já havia sido arcebispo influente de Loreto, presidente da Fabbrica por vontade de João Paulo II e que se tornou também arcipreste da basílica de São Pedro por decisão de Bento XVI. Ambicioso e determinado, Comastri deve sua formidável ascensão às ótimas relações que mantinha com o grupo dos "poloneses", liderado pelo secretário de Karol Wojtyla, Stanislaw Dziwisz: não é por acaso que em janeiro de 2005 foi incluído na lista de candidatos da Fabbrica, e que Wojtyla tenha assinado sua nomeação em 5 de fevereiro de 2005, mesmo já estando internado no Gemelli[13] em graves condições de saúde.

O cargo deu prestígio a Comastri[14]. E principalmente poder. A basílica desfruta de uma gestão autônoma, administra um orçamento de peso, organiza os grandes eventos da praça e da igreja, decide contratos milionários e conta com mais de cem empregados, entre operários e funcionários. Tornado presidente, Comastri comparece com frequência às festas da Guardia di Finanza organizadas pelo ex-general Roberto

13. Policlinico Gemelli, o principal hospital do Vaticano. (N. T.)

14. A Guardia di Finanza é um corporação policial italiana vinculada diretamente ao Ministério da Economia e das Finanças, exercendo principalmente o papel de polícia tributária. (N. T.)

Speciale, constrói vínculos mais estreitos com Viganò e com o cardeal Giovanni Battista Re, escreve dezenas de folhetos para as edições Paulinas (*Prepara la culla: è Natale!*, *Nel buio brillano le stelle* e *Prega e sarai felice!* são os títulos mais vendidos[15]), faz participações na TV, como no programa *Voyager*, de Roberto Giacobbo, conhece os ex-empresários Paolo Scaroni e Stefano Lucchini do ENI, colosso petrolífero que irá financiar a restauração dos mármores de São Pedro. Tornou-se odiado pelos bertonianos, mas nenhum deles consegue deter sua ascensão: o próprio Bergoglio, eleito ao assento pontifício, decidiu deixá-lo em suas muitas poltronas.

Mas, conforme alguns documentos em nosso poder, que remontam a 2008 e são assinados por um alto dirigente administrativo da basílica, há duras críticas à gestão Comastri. No relatório, uma espécie de verificação interna requerida pela Secretaria de Estado, fala-se de "um recurso anômalo e indiscriminado às horas extras, de um número insensato de promoções" e de um uso "digamos pouco sóbrio e irresponsável dos procedimentos de adjudicação em algumas concorrências". O dossiê usa tons severos: explica que em um ano solar foi superado "o limite de 45 mil horas extras", com operários que chegavam a cumprir "dezesseis horas ao dia" de trabalho; fala de desperdícios quantificáveis entre "500 e 800 mil euros por ano", de gastos notáveis (em abril de 2008 eram 25 os operários que ganhavam mais de 3 mil euros líquidos por mês) e de promoções fáceis: "Em três anos" foram promovidos "por trabalho equivalente 83% dos empregados e 52% do pessoal *sampietrino*", com um aumento dos custos "avaliado em torno de dez pontos percentuais". Dos vários documentos depreende-se

---

15. *Prepare o berço: é Natal*, *No escuro brilham as estrelas* e *Ora e serás feliz!* (N. T.)

que a paga mais alta era prerrogativa de um "*sampietrino soprastante* [mais elevado]" (é assim que se chama o chefe da mão de obra especializada da igreja, cujos comandados são por sua vez chamados de *sampietrine*). O nome dele era Andrea Benedetti (3.800 euros líquidos por mês), chefe dos operários e verdadeiro braço-direito de Comastri – com a chefe de escritório Maria Cristina Carlo-Stella, citada na qualidade de organizadora de eventos malsucedidos muito custosos, "como a mostra Petros ENI, com perdas acima de 800 mil euros". Benedetti é retratado como "a autoridade absoluta" da basílica, figura que decide a programação dos trabalhos normais e extraordinários, e autoriza "horas extras não programadas e não autorizadas previamente pelos superiores", um *dominus* que pode assinar sozinho faturas "normalmente colocadas na carteira de pagamentos e com importâncias elevadas". A nota, por fim, relata também supostas concorrências milionárias "viciadas" (para os serviços de limpeza a concorrência teria sido vencida por uma empresa que apresentou uma oferta menos conveniente que outra), ou de contratos concedidos "irregularmente", como o da restauração dos mármores da "fachada sul" da basílica.

Comastri é durão e tem resistido às críticas e às pressões de Bertone. Francisco confia nele, embora seu nome tenha sido citado – ao lado de outros – na investigação sobre Paolo Gabriele, o mordomo de Bento XVI condenado pelo *Vatileaks*: segundo a polícia, o garganta profunda falava também com o atual arcipreste e vigário de Francisco para a Cidade do Vaticano. Não obstante tudo isso, a gestão de São Pedro ainda é coisa sua. Mais que isso: Comastri é também vigário do Estato da Cidade do Vaticano, instituição nascida em 1929 após os Acordos Lateranenses assinados entre Pio XI e o regime fascista: o patrimônio imobiliário e mobiliário, segundo alguns dados de 2011 que este que escreve conseguiu examinar, superava os 56 milhões de euros, com um lucro no exercício que chegou em 2010 a 6,2 milhões.

O poderoso Comastri é adorado pelos seus "*sampietrini*" (o cardeal não tem medo de subir nos guindastes e sujar a túnica, contam os operários), enquanto seu círculo de amigos sempre o defendeu diante de cada leva de calúnias. Ninguém fez nenhuma objeção nem quando, em 2013, o cardeal decidiu confiar com exclusividade o contrato dos audioguias a uma só empresa, a Vox Mundi. O aluguel é obrigatório, todo aquele que entra na basílica tem de pagar 1,50 euro; mesmo os turistas que vêm dos Museus Vaticanos têm de abrir a carteira, embora já tenham pago para a Antenna Audio, empresa exclusiva dos Museus Vaticanos. Não serviu para nada a carta de protesto que a Fiavet, a associação das agências de viagem, enviou a Comastri: "O acréscimo nos custos, as filas intermináveis, a enorme confusão e os congestionamentos" para o monsenhor são apenas um irrelevante efeito colateral na estrada que leva a novos ganhos.

Supermercado vaticano

Que os Museus Vaticanos são uma espécie de casa da moeda divina é algo conhecido. Mas ninguém poderia supor que o Vaticano pudesse ganhar ainda mais com quatro, cinco negócios posicionados dentro dos muros sagrados. O posto de gasolina, a farmácia, a tabacaria e o supermercado arrecadam mais do que Michelangelo e Rafael, os jardins e as mansões pontifícias juntos. Um milagre, já que – enquanto as obras-primas do Renascimento são tomadas de assalto por cinco milhões de turistas ao ano – as lojas são reservadas a pouquíssimas pessoas: isto é, aos membros da cúria e aos residentes (no total, cerca de oitocentas pessoas, mas apenas 450 delas gozam também de cidadania vaticana), além dos 2.800 funcionários leigos e do outro milhar de pessoas que têm direito. E, no entanto, o balanço publicado pelo *Governatorato* fala com clareza e coloca mais do que algumas dúvidas (sobretudo fiscais) sobre esses estabelecimentos comerciais. Comecemos pela farmácia. Se em média, segundo estudos da Associação Nacional da Indústria Farmacêutica, uma farmácia italiana atende a um grupo de 3.500 pessoas, faturando 700 mil euros ao ano, o ponto de venda dirigido pelo frade Rafael Cenizo Ramírez arrecadou, em 2013, 32,8 milhões. E somem-se a isso os 41,6 milhões do ano anterior.

Neste caso, a proeza pode ser facilmente explicada. A farmácia não só fica efetivamente aberta a todos e aceita receitas e prescrições de médicos de países estrangeiros, como vende produtos com desconto (de até 20%) em relação aos preços das farmácias romanas. Além disso, os padres vendem comprimidos que não são encontrados na Itália, desde anti-hemorroidais requisitadíssimos (como *Hamolind*) a remédios caros para doenças mais graves. Não por acaso a farmácia vaticana é a mais frequentada do planeta, tomada de assalto por quase dois mil clientes por dia.

Mas as cifras mais surpreendentes da arrecadação do *Governatorato* dizem respeito aos cigarros, combustíveis e aos *annona spacci*[16], isto é, o mercado *tax free* de Oltretevere. Todas as atividades comerciais são destinadas apenas a quem tem um cartão especial, prerrogativa

16. Os *annona* são pontos de venda que oferecem além de gêneros alimentícios também roupas, tecidos e produtos domésticos, a preços bem mais baixos que os da Itália, pois contam com isenção de impostos. (N. T.)

exclusiva – em tese – de residentes e funcionários. Mas, se fizermos alguns cálculos, as contas não batem: a tabacaria ganha na realidade 10 milhões por ano; significa que os 3.600 indivíduos que têm direito fumam todos como turcos. Em média, dois ou três maços por dia, 365 dias por ano. O posto de gasolina arrecada 27 milhões: calculando um consumo médio, cada padre percorreria 45 mil quilômetros por ano, o mesmo que um caixeiro-viajante ou um vendedor de aspiradores de pó. O supermercado (que vende também roupas de grife e produtos *hi-tech*) emite cupons fiscais para mais de 21 milhões: não por acaso, segundo um estudo do California Wine Institute em 2012, o Vaticano é o país com o mais alto consumo de vinho do mundo, com uma monstruosa média de setenta e quatro litros anuais por pessoa.

Os homens de Giuseppe Bertello, presidente do *Governatorato*, excluem a possibilidade de um *boom* de alcoólicos. E apontam alguns problemas que poderiam explicar as anomalias contábeis. Em primeiro lugar, é possível que alguns funcionários comprem quantidades enormes de produtos abaixo do custo para revendê-los na Itália no mercado negro. "De qualquer modo, seria uma operação muito difícil pegá-los com a mão na massa, pois a polícia não consegue controlar todo carro que entra e sai dos muros leoninos", explicam no Vaticano.

Na realidade o *spread* das contas tem uma origem totalmente diversa. Alguns documentos em nosso poder podem esclarecer o dilema. A Cosea requisitou a algumas empresas de auditoria de contas que fizessem uma *due diligence* também nas atividades comerciais. A americana Ernst & Young trabalhou durante meses, e em dezembro de 2013 expediu à Santa Sé um relatório detalhado de 79 páginas, no qual assinala todos os ganhos do triênio 2010-2012, os custos de cada serviço, os de cada escritório controlado pelo

Governatorato. E manifestou críticas e propôs conselhos úteis para cortar despesas e elaborar estratégias para ganhar ainda mais dinheiro.

E então, segundo as análises inéditas da EY, os titulares do cartão de serviço que permite fazer compras dentro dos muros leoninos (a Cosea o define como "cartão comercial") não são na realidade quatro, cinco mil, mas 41 mil. Um número enorme, equivalente aos habitantes de uma cidade como Frosinone. Por lei, a permissão é dada somente aos funcionários, ao pessoal do corpo diplomático e às congregações, "mas receamos que sejam muitos os honoráveis e os poderosos que aproveitam os negócios sem ter direito a eles", explicam no Vaticano.

Mais que um receio, os dados que a Ernst & Young obteve da Santa Sé configuram uma certeza: não está mais sendo contado o número de favorecidos. E se os clientes fazem ótimos negócios, o Vaticano ganha somas enormes. Paciência se o Erário italiano continua perdoando isso: é um efeito colateral permissível.

Lendo a papelada, nota-se que o departamento de Serviços Econômicos que controla os negócios do papa (exceto a farmácia) tem ao todo 123 funcionários e arrecada um valor equivalente a 30% do faturamento total do *Governatorato*. "O combustível representa para o departamento a fonte de ganhos e de margens mais importante", escreveram os analistas da Ernst & Young. As bombas de gasolina são duas, e "o preço ao consumidor é 20% mais baixo em relação ao italiano. O custo de aquisição para o Vaticano não inclui imposto. O fornecedor atual é a Eni". O relatório lista também alguns "temas quentes" do comércio. Se consideramos que dos 27 milhões de euros de gasolina vendidos em 2012 (o lucro líquido, tirando as despesas, é de 13,7 milhões), "18% foram vendidos a clientes 'desconhecidos', então 550 cartões superaram o limite anual" de aquisição, equivalente a 1.800 litros. No total, fizeram fila na bomba 27 mil pessoas, muito mais do que as autorizadas.

Diante de cifras do gênero, mesmo não tendo provas, não se pode eliminar a ideia de que na equação seja considerada também a compra e venda de diesel nos mercados paralelos, obviamente no negro. Uma curiosidade: segundo os dados da motorização vaticana, a Santa Sé licenciou 299 automóveis entre 2010 e 2012. Cardeais e monsenhores têm quase todos eles o seu carro, e qualquer um pode pedir e obter também o benefício de quem tem carro: de 39 funcionários do escritório encarregado, 24 vão para cima e para baixo pelas ruas de Roma para acompanhar os sacerdotes em reuniões, almoços, eventos e missas diversas.

Os felizes possuidores do cartão podem também comprar comida com desconto no supermercado (chamado *annona*, e com faturamento em 2012 superior a 20 milhões), roupas de grife e televisores de alta tecnologia na loja de conveniência (faturamento de 16 a 17 milhões ao ano) e, principalmente, abastecer-se de cigarros na tabacaria de Deus. "O tabaco", explica o pessoal da Ernst & Young, "é a segunda maior fonte de lucro do departamento de serviços econômicos. Cada cartão pode comprar no máximo cinco pacotes ao mês". Mas para não abrir mão de uma arrecadação que supera os 10 milhões ao ano e, para não frustrar os 11 mil dedicados clientes, o Vaticano prefere fechar os olhos para as regras que ele mesmo impôs: não só 650 *cards* ultrapassam muito o limite de compra estabelecido como milhares de pessoas não autorizadas pela lei arriscam levar para casa pacotes de cigarros e charutos cubanos comprados a um preço bem baixo. Mesmo com prejuízos substanciais ao Erário italiano.

Dinheiro a rodo chega também à lojinha do escritório filatélico e numismático. Em 2012, o faturamento chegou a 19,8 milhões, e tem crescimento constante desde 2009, quando a arrecadação ficava em 16,5 milhões. Em 2015, as emissões superaram qualquer recorde, pois não há evento que não seja celebrado com selos e moedas comemorativas: foram vendidas moedas celebrativas bimetálicas de dois ou cinco euros para "o encontro mundial das famílias em Philadelphia" e para "a assembleia geral ordinária do sínodo dos bispos", moedas de dez euros em prata para "o décimo aniversário da morte de João Paulo II" e de vinte euros para "o Pontifício Santuário da Beata Virgem do Santo Rosário de Pompeia", até aquelas de cem e duzentos euros, em ouro, cunhadas respectivamente para comemorar "os evangelistas: Mateus" e "as virtudes cardinais: Prudência". Dezenas de milhares de colecionadores procuram adquirir também as séries limitadas de selos. Mas qualquer ocasião é boa para imprimir: o Vaticano vende franquias postais não só para a Páscoa e para o Natal, mas também para o bicentenário do nascimento de dom João Bosco e para "o Ano Internacional da Luz proclamado pela ONU", para "os Brinquedos Antigos", o milésimo quadrigentésimo aniversário da morte de São Columbano de Bobbio e para o centésimo quinquagésimo da fundação da União Internacional das Telecomunicações.

Em comparação com os lucros que vêm sendo embolsados por meio de museus, lojas e selos, as outras arrecadações comerciais são residuais: o escritório de turismo, no último balanço disponível, arrecadou 2,8 milhões de euros, enquanto o tribunal da Sacra Rota – que segundo a *vox populi* seria muito lucrativo – está apresentando perdas há anos, com vermelhos superiores a 2 milhões ao ano. Um discurso à parte é o do sistema de veículos de comunicação de massa controlado pelo papa: mesmo com prejuízo, é muito respeitável o valor patrimonial de órgãos como o *Osservatore Romano* (o jornal diário dirigido por Giovanni Maria Vian, o verdadeiro órgão oficial da Santa Sé; o mais vendido, *Avvenire,* é na realidade propriedade dos bispos da Conferênica Episcopal Italiana), além da Livraria Editora Vaticana e da Rádio Vaticana. Se a gráfica vaticana que imprime o *Osservatore* fatura 13,7 milhões ao ano e as rádios e a TV perdem um saco de dinheiro, a difusão da liturgia e da doutrina católica em 2011 trouxe para os cofres das três livrarias oficiais, dirigidas pelo monsenhor Giuseppe Antonio Scotti, 18,5 milhões. Um tesouro que tem por base, essencialmente, o controle dos direitos autorais dos discursos do papa. E das encíclicas, naturalmente: a última "carta" de Francisco, intitulada *Laudato si'*, esteve em primeiro lugar entre os mais vendidos por várias semanas.

A fábrica de santos

Até outubro de 2013, na conta do IOR destinada à canonização da beata Francisca Ana de los Dolores, uma congregada espanhola de Palma de Mallorca depositou a bela soma de 482.693 euros. Essa montanha de dinheiro necessária para santificar Francisca não é uma exceção. De 2007 a 2013, as missionárias de Santo Antônio Maria Claret, na verdade, investiram para a beatificação da madre Leonia Milito, somando o dinheiro da congregação aos donativos dos fiéis, cerca de 116 mil euros. Mas a maior parte disso acabou em fundos de investimento. "A soma depositada é aparentemente elevada porque ainda não pagamos e completamos a '*positio*'[17] e o futuro suposto milagre", assim justificavam, em carta endereçada ao prefeito da Congregação

17. Positio é o volume que reúne a informação necessária para o processo de beatificação. (N. E.)

The Governorate Project

EY has been engaged to perform a strategic and operational analysis of the cultural and commercial activities of the Governorate in order to identify improvement opportunities.

Current Situation

Vatican Museums: revenue increase 6% while costs are growing by 9%; 84% of the revenue is generated by ticket sales, and the other 16% come from catering, souvenirs & bookshop, audio & radio guide sales (outsourced activities).

Commercial activities (key highlights)

A general observation on the commercial activities is related to the customer base. To access most of the commercial activities it is necessary to hold a Commercial Card and, currently, there are over 41.000 card holders authorized to buy different types of products (this was probably not the original intent, as there are only 5.000 people working for the Vatican today and the number of cards issued is 8x).

- ***Supermarket***: margin declining (revenue growing +9%, but costs growing +17%); more than 17.000 SKUs for a 900 sqm sales floor (benchmark for 1.000 sqm is ~10.000 SKUs)
- ***Fuel***: 27.000 people buying fuel, with 550 exceeding the 1.800 liters/year limit; 18% of the sales registered with "Service Card" (no specific cardholder)
- ***Clothes and Electronics***: more than 16.000 clients; More than 22.700 SKUs
- ***Tobacco***: more than 11.000 clients, with 278 exceeding the 80 boxes/year limit; 14% of the sales registered with "Service Card" (no specific cardholder)
- ***Pharmacy and Perfumery***: declining revenue -17%; 30% of sales come from perfume and body care products; 1.900 clients per day; no Commercial Card is required for Perfumery and only a prescription for the Pharmacy.

Proposals for the future – Cultural & Commercial activities

Cultural activities

- ***Vatican Museums:*** should be considered one of the cornerstones for the Vatican's economic development. EY has benchmarked the Vatican Museums with the Top 10 Museums of the world (in visitors) comparing key performance indicators and developing a proposal of potential growth strategies, including the extension of the daily opening hours and opening days of the week (i.e. opening on Sundays), expanding the exhibition area, increasing ticket prices, leveraging the "brand" to increase merchandise sales, etc.
- ***Tourists and Pilgrims Office:*** strategies suggested include fostering welcome and care services to pilgrims and exploring potential new channels (for communication and sales)
- ***Philately and Numismatic:*** strategies suggested include evaluating potential best location, enlarging the product range and opening a dedicated museum.

Commercial activities

EY recommends the following actions to improve the control environment and reduce the operational and / or economic risks of the Commercial Activities:

- Regarding the Commercial cards: review the policy and requirements for issuing cards; review the status of temporary cards; adjust the limits of use; avoid "service cards" usage
- Regarding operators / subcontractors contracts: agree on a temporary extension of the current contracts until a new partnership strategy has been defined and a robust procurement process is in place

The commercial activities should turn their focus from revenue and profit generation to a basic product supply. In this respect, specific actions for each activity are included below:

- ***Supermarket***: adjust target customers and reduce product assortment; additionally, evaluate an alternative location
- ***Fuel:*** adjust target customers; additionally, evaluate number and location of points of sale and consider partnership with a third party operator.
- ***Pharmacy:*** adjust target customers and reduce product assortment
- ***Clothes & Electronics:*** adjust target customers and product assortment; long term, the activity can be discontinued
- ***Tobacco:*** adjust target customers, increase price (equating the Vatican price to Italian prices); long term, the activity can be discontinued
- ***Perfumery:*** increase price (equating the Vatican price to Italian prices), adjust target customers and establish a maximum amount allowed by cardholder; long term, the activity can be discontinued

Relatório da Ernst & Young sobre as arrecadações do *Governatorato*, a estrutura governamental do Vaticano. A consultoria questiona a existência de 41 mil titulares dos cartões de serviço para compras intramuros, enquanto apenas 5 mil pessoas trabalham ali. Para melhorar a arrecadação dos museus do Vaticano, propõe aumentar as horas de atendimento ao público e o preço dos ingressos – os museus, abertos a cinco milhões de pessoas ao ano, faturam menos que o posto de gasolina, a farmácia, a tabacaria e o supermercado, reservados aos 5 mil residentes e funcionários.

para as Causas dos Santos, a irmã Lidia e irmã Teresa. "A instituição está também empenhada em pequenos gestos para que o trabalho de beatificação de nossa mãe fundadora não sofra por causa da manutenção econômica."

Os fluxos de dinheiro em torno da beata espanhola e da madre Leonia não foram os únicos que preocuparam o cardeal Giuseppe Versaldi: em 16 de janeiro de 2014, o então chefe da Prefeitura dos Negócios Econômicos na realidade pegou papel e caneta e intimou o postulador dos carmelitas descalços Ildefonso Moriones, tendo em vista a presença de "transações em dinheiro não condizentes com a finalidade da causa e seu normal desenvolvimento", e buscando uma "imediata adequação das contas, a exclusiva utilização dos recursos e uma substancial moderação na utilização do dinheiro em caixa".

Ao ver o relatório interno que lhe foi enviado pela Prefeitura dos Negócios Econômicos, Francisco compreendeu que os rumores que há anos circulavam sobre a "fábrica de santos" não eram boatos maliciosos. O papa já nutria algumas suspeitas e, por isso, no verão de 2013 requisitara à Cosea e ao ministério, na época dirigido por Versaldi, uma investigação aprofundada para esclarecer custos e contas das causas de beatificação e canonização geridas pela Congregação para as Causas do Santos. Após alguns meses, quando vieram à tona os resultados da investigação, viu com os próprios olhos que a realidade superava qualquer fantasia. Custos malucos, advogados que administravam o dinheiro de causas das quais eram "postuladores" por meio de suas contas privadas no IOR, fundos para as chamadas "causas pobres" reduzidas ao mínimo.

Acima de tudo, Francisco compreendeu que a fábrica da santidade que Sisto V desejava em 1588 não só trabalha hoje a pleno vapor como parece inspirar-se no aforismo do poeta latino Juvenal, segundo o qual "a reputação depende apenas do dinheiro que se tem no cofre", fato que para os santos *in pectore* com boas ações sobre a Terra será bem mais fácil se entender com o divino, na comparação com os colegas que tenham patrocinadores menos ricos e *lobby* menos influente para impulsioná-los rumo à almejada auréola. Em 2005, o cardeal José Saraiva Martins, à época prefeito da Congregação para as Causas dos Santos, no livro-entrevista *Come si fa un santo* [como se faz um santo], explicou que os custos da canonização, entre despesas da Congregação, reembolsos aos estudiosos, pesquisa, volumes e impressão, chegam em média a um teto de 14 mil euros. Dentre as centenas de documentos consultados por este que escreve, o certo é que a cifra em muitíssimos casos é bem mais alta, e que para um êxito rápido e positivo da causa o peso do dinheiro e a influência das camarilhas é enorme.

A estrada para alcançar a santidade não é simples e prevê regras burocráticas rígidas e complexas. A história registra que antigamente o papa podia canonizar um mártir por decisão sua ou até mesmo após a simples aclamação popular, mas no final do século XVI o papa Sisto V estabeleceu critérios específicos para o reconhecimento da divindade, de modo a evitar abusos e excessos, e decidiu que um novo organismo, rebatizado por João Paulo II de Congregação para as Causas dos Santos, iria cuidar do percurso até a beatitude por meio de um processo baseado no direito canônico.

Hoje, quem quer que faça parte do "povo de Deus" pode pedir a abertura de um procedimento (em geral, quem faz o pedido são parentes, amigos e, principalmente, as ordens religiosas às quais o aspirante pertencia), obviamente isso ocorre somente após a morte do candidato. São eles os "atores" da causa, que têm também a tarefa de encarregar um postulador, uma espécie de advogado defensor que instruirá e perorará a causa. A primeira parte do processo é chamada de "diocesana", e não pode seguir adiante sem a autorização do bispo competente, geralmente o do território onde o candidato faleceu.

Com o processo iniciado, o examinando ascende à condição de "servo de Deus", e sua vida e suas obras são apreciadas por meio de uma investigação do postulador. Se após testemunhos, pesquisas e entrevistas forem descobertos supostos eventos milagrosos, a causa entrará na sua segunda fase, a romana, e será posicionada no Vaticano. É nos escritórios da Congregação, a dois passos da praça São Pedro, que o postulador deverá depositar sua *positio*, isto é, o relatório final sobre o candidato, que será analisado pelo promotor de justiça, o magistrado da Congregação que deverá dar seu aval às virtudes do beato aspirante e à veracidade do milagre apresentado na *positio*. O prodígio que é debatido no processo é quase sempre uma suposta cura de um doente, considerada cientificamente inexplicável, que é então discutida por uma comissão de sete médicos (que podem ser crentes ou não e é, atualmente, presidida pelo professor Patrizio Polisca, ex-médico pessoal de Bento XVI), convocada sempre pela Congregação.

No final, um congresso teológico formado por nove especialistas é quem sanciona se o servo de Deus pode se tornar beato, mas a proclamação final cabe exclusivamente ao pontífice. Se os atores, mais tarde, quiserem dar prosseguimento ao caminho do eleito em direção a uma nova promoção celeste, o postulador deverá demonstrar em um novo processo canônico que o candidato realizou outro milagre após a beatificação, e que merece tornar-se santo.

Este, em uma síntese extrema, é o procedimento padrão. O que os manuais vaticanos não dizem, no entanto, é que aqueles que quiserem tentar elevar um ser querido às honras dos altares terão de gastar muito dinheiro. Cada causa tem sua história, e os custos são variáveis: a cifra final depende dos honorários do postulador, das dificuldades e do tempo necessário para avaliar a documentação, de eventuais pesquisas de aprofundamento e viagens para coleta de informações. Mas a julgar pelos documentos de centenas de práticas do período que vai de 2008 a 2015, em geral estamos falando em dezenas, e com frequência em centenas de milhares de euros. Mesmo a lista das despesas fixas é impressionante: desde as taxas e direitos a serem pagos à Santa Sé até os custos das traduções (no final, a *positio* deve ser entregue toda ela em latim), das consultorias de teólogos e estudiosos às perícias médicas, decretos (sobre o martírio ou sobre o milagre), despesas para o congresso dos teólogos e dinheiro para a organização da cerimônia de beatificação e canonização: apenas para o dia de beatificação do filósofo Antonio Rosmini, segundo um folheto distribuído em 2003 pelo então postulador da causa, foram gastos 375 mil euros.

Até agora, ninguém tinha ideia das proporções do negócio, mas no passado foram muitos – incluindo altos expoentes católicos – os que criticaram o excesso de santificações e que torceram o nariz diante da inflação de abençoados imposta por João Paulo II, que durante os vinte e sete anos de seu pontificado proclamou 1.338 beatos e 482 santos, quase um quarto de todos aqueles canonizados nos cinco séculos precedentes. Por certo, essa proliferação – interrompida com o advento de Bento XVI, que impôs ritmos mais tradicionais, pedindo, por meio de uma nota dirigida aos bispos, maior rigor na abertura da fase diocesana do processo – deveu-se a uma escolha teológica específica de Karol Wojtyla, desejoso de fazer ver à comunidade dos católicos que qualquer um, com as obras e o martírio, pode aspirar a se tornar santo.

Mas é um fato que o *boom* (atualmente há cerca de 3 mil causas em estoque) acarretou também vertiginoso aumento dos preços. A abertura da investigação sugerida pelo papa Francisco tinha dois objetivos principais: avaliar a real dimensão do negócio e verificar eventuais movimentações financeiras inadequadas. Muito mais que os escritórios vaticanos da congregação, são na realidade os postuladores os verdadeiros caixas de cada causa individual; às vezes monsenhores, às vezes advogados leigos (diplomados na escola vaticana preposta, o *studium*) que – depois de terem recebido a procuração por parte de pessoas físicas, congregações ou ordens religiosas – recolhem o dinheiro depositados pelos atores em uma conta corrente, aberta para esse propósito no IOR. São sempre os postuladores que administram, ao longo dos anos em que se estende a causa, todos os fundos e os bens destinados ao futuro beato, e que saldam as contas com os escritórios vaticanos e os consultores externos. Assim, a partir de 2013, na tentativa de limpar o instituto e de implementar as novas diretrizes antilavagem de dinheiro, a Prefeitura dos Negócios Econômicos ordenou que todos os postuladores titulares de contas no IOR enviassem à Congregação toda movimentação financeira que efetuassem. No final do processo, Bergoglio decidiu que o andamento das coisas era inaceitável, e que devia mudar o mais rápido possível. Convocou Angelo Amato, atual prefeito da Congregação e cardeal considerado próximo de Tarcisio Bertone, pedindo esclarecimentos sobre as cifras enlouquecidas indicadas pelo relatório. Depois ordenou à Cosea e à Prefeitura que providenciassem o bloqueio temporário das contas IOR dos postuladores até que fossem analisadas cada entrada e cada saída de dinheiro. O exame das pastas foi concluído apenas em 2015. Ao examinar a papelada, a impressão é a de que as surpresas na linha de montagem da fábrica de santos não vão terminar nunca.

Os caçadores de milagres

No Vaticano circula um ditado: "Se você quer virar santo, tem que passar pelo escritório do advogado Ambrosi". Mais do que um dito espirituoso, é um dado factual. Há quase quarenta anos Andrea Ambrosi é o príncipe inquestionável dos postuladores vaticanos, um profissional reservado, capaz de fazer beatificar dezenas e dezenas de frades e mártires, sacerdotes e freiras, leigos e religiosos, imperadores e cardeais. Ainda hoje, há centenas de casos em aberto, que estão sendo instruídos pelo advogado romano, com um correspondente número de contas no IOR geridas diretamente por ele. Os postuladores leigos são muitos, mas alguns deles – como Ambrosi e a advogada Silvia Correale – são mais requisitados que os outros, talvez por serem mais competentes e ágeis, capazes de levar as causas a termo em menos tempo.

"No que diz respeito à parte dos milagres, o primeiro que foi assinalado ocorreu em Pittsburgh e teve como protagonista o menino F. Fontana. Do ponto de vista canônico, todas as passagens foram cumpridas regularmente, até a apresentação do processo na Congregação para a Causa dos Santos. Mas justamente quando a *positio* estava pronta para ser discutida, foi assinalada a presença de um caso ainda mais impactante, o de um recém-nascido, de nome James F., de Peoria[18], ressuscitado depois de 61 minutos de parada cardiovascular. Tendo de escolher um dos dois, optamos por esse segundo... Também aqui as cifras colocadas no balanço podem ser facilmente compreendidas tendo em conta o grande trabalho exigido para levar avante dois milagres, do início ao fim."

18. Cidade do Estado americano de Illinois. (N. T.)

CONGREGAZIONE
DELLE CAUSE DEI SANTI

PREFETTURA AFFARI ECONOMICI
DELLA SANTA SEDE
31 OTT. 2013
Prot. n. 688

Roma, 30 ottobre 2013

Prot. N. VAR. 7326/13

Eminenza Reverendissima,

con riferimento alla mia precedente lettera del 10 settembre 2013, stesso protocollo, invio ulteriore documentazione, come richiesto dalle indicazioni della Pontificia Commissione referente di Studio e di Indirizzo sull'Organizzazione della Struttura Economico-Amministrativa della Sante Sede.

Questa Congregazione ha preso atto dei 4 bilanci (nn.143-146) che si allegano, controfirmati dagli attori, e chiede che si provveda allo sblocco dei relativi conti correnti presso lo I.O.R.

Faccio presente che si è ritenuto opportuno porre all'attenzione del postulatore, l'avv. Andrea Ambrosi, l'imprescindibile esigenza di rivedere i suoi onorari, nonché i costi delle Cause, alla luce di prossime disposizioni del Dicastero e di attenersi rigorosamente, in futuro, alle norme vigenti (cfr. allegato).

Da parte di questo Dicastero non si mancherà di vigilare in tal senso.

Colgo l'occasione per confermarmi con sensi di distinto ossequio

dell'Eminenza Vostra Rev.ma
dev.mo

Angelo Card. Amato, SDB
Prefetto

(con Allegati)

31-X-2013

A Sua Eminenza Reverendissima
Il Sig. Card. Giuseppe VERSALDI
Presidente della Prefettura
per gli Affari Economici della Santa Sede
Città del Vaticano

Carta do cardeal Amato ao cardeal Versaldi sobre os custos altos das causas de beatificação e canonização. O clérigo anexa balanços que confirmam gastos e pede a liberação de contas bloqueadas após a abertura da investigação sobre valores envolvidos na "fábrica de santos". Finaliza afirmando que "julgou-se oportuno chamar a atenção do advogado Andrea Ambrosi para a imprescindível exigência de rever seus honorários, assim como para os custos das causas, à luz das disposições do departamento que se seguirão, e de ater-se rigorosamente, no futuro, às normas vigentes".

O caso do arcebispo e telepregador americano Fulton John Sheen, descrito nas notas de despesas do postulador Ambrosi, é exemplar. A conta IOR destinada à beatificação tinha até 2008 um saldo de 39 mil euros, e os custos anuais eram quase todos ligados aos honorários de Ambrosi, que cobrou da fundação Sheen 10 mil euros, enquanto outros 1.600 euros eram para pagar "decretos de validade", encargos do relator e outros trabalhos de escritório impostos pela Congregação. No ano seguinte, os custos cresceram: o postulador cobrou mais 18 mil euros, as despesas tipográficas para a encadernação da *positio, la relatio et vota* custaram outros 7.500 euros, a tradução mais 6 mil. A administração da causa tinha um custo fixo de 2 mil euros, mas cada suspiro dos advogados do escritório Ambrosi tinha um preço. Em 2010, os fãs do futuro beato foram obrigados a gastar mais 71 mil euros para novas traduções, enquanto os honorários do postulador dessa vez bateram os 52 mil euros, sugados como adiantamento e para a redação da *positio*. Em 2011, a causa custou outros 127 mil euros: 56 mil euros para pagar várias consultorias e para o escritório, e a esse valor somaram-se ainda 5.700 euros para o congresso teológico e 13 mil euros para uma viagem de duas pessoas aos Estados Unidos. Os custos da tipografia chegaram a 51.200 euros.

Em 2012, as despesas foram de 68 mil euros (dos quais 16 mil de tradução), e em 2013 mais 21 mil, grande parte necessários à redação da *positio*. No final, até agora a causa já custou – só para os anos 2008-2013, sendo que o início das práticas de canonização data de 2002 – mais de 332 mil euros. "Esta causa *S. vita, virtutibus et fama sanctitatis* do venerável Servo de Deus encontra-se no termo da fase romana do processo de beatificação", escreveu Ambrosi em janeiro de 2014, para explicar ao Vaticano por que os custos eram tão altos.

"A redação da *positio* baseia-se no estudo e na elaboração de mais de setenta volumes. Tendo sido, portanto, o monsenhor Sheen um dos mais fecundos escritores de Jesus e Maria, precisei que me fosse enviada e tive de ler – para encontrar aspectos a serem acrescidos ao exercício virtuoso – a sua *opera omnia*, que é composta por 83 volumes. Para redigir a *positio*, tarefa que ia além das minhas forças, juntaram-se a mim dois de meus colaboradores, com os quais trabalhei por dois anos. Isso deve ser tido em mente na avaliação do elevado importe total." O paradoxo, no entanto, é que todo o dinheiro gasto não serviu para quase nada: a beatificação foi suspensa por tempo indeterminado, pois a arquidiocese de Nova York recusou-se a transferir (temporariamente) os despojos de Sheen para a cidade onde viveu quando criança e onde foi ordenado sacerdote, Peoria, operação necessária para que a causa siga adiante.

Analisando as dezenas de causas administradas por Ambrosi, são realmente muitas as de seis cifras. Principalmente quando se trata de aspirantes norte-americanos, parece não haver preocupação com despesas. Para o processo de beatificação do padre Patrick Peyton, irlandês que se mudou ainda jovem para Indiana e era devoto de Maria e do Rosário, entre 2011 e 2013, os honorários do postulador superaram os 76 mil euros. Foram ainda mais altos os do padre Emil Kapaun, capelão militar morto na Guerra da Coreia, cuja conta mostra entradas de 266 mil euros e 138 mil euros de saídas. No mesmo período, Ambrosi arrecadou também na Europa, dos atores que queriam tornar santo o médico alemão Heinrich Hahn (as saídas contabilizadas sempre no mesmo intervalo chegaram a 75.952 euros); da causa para o missionário esloveno nascido no fim do século XVIII Friderik Baraga, primeiro bispo da diocese de Marquette em Michigan (custos que saltaram para 95 mil euros, todos pagos pela igreja local graças a doações e financiamentos); daquela para o Servo de Deus Engelmar Unzeitig, cujas saídas, entre 2008 e 2013, chegaram a 82 mil euros; e por fim da canonização de Clelia Merloni, dos apóstolos do Sagrado Coração de Jesus. Neste último caso, por dois anos de trabalho Ambrosi recebeu honorários que superaram os 100 mil euros. "Um trabalho muito complexo, que exigiu intensa colaboração do pessoal do meu escritório e das freiras atrizes da causa", esclareceu o advogado em uma nota enviada ao Vaticano. Mas, surpresa, o advogado especialista em encontrar milagres escreveu em 5 de setembro de 2013 uma carta ao amigo cardeal Amato, explicando-lhe que não teria como enviar as movimentações completas de dezenas e dezenas de práticas. Como assim? Ambrosi revela que até alguns meses antes os fundos de todas as causas das quais era postulador confluíam em suas contas pessoais (conjuntas com a mulher), que depois eram desmembradas a fim de consignar a cada causa sua própria conta. Mas no que dizia respeito aos anos anteriores, Ambrosi invocou o direito a privacidade: os extratos bancários revelariam não só as movimentações das causas postuladas, mas também as entradas e saídas de sua família. O cardeal Amato, ao que parece, não teve o que objetar. No Vaticano, a privacidade é sagrada.

Fazer um santo pode custar os olhos da cara. O arcebispo de Paderborn, para poder beatificar o padre antinazista Franz Stock, em cinco anos gastou 208 mil euros, grande parte deles com o escritório Ambrosi que – também neste caso – é o postulador da causa. Dessa vez, muitas despesas foram feitas nos Estados Unidos, em São Francisco, onde em 1998, por intercessão de Stock, um homem teria sido curado de um câncer. "Em São Francisco foi difícil encontrar os argumentos justos para convencer os médicos envolvidos no caso a colaborarem e especialmente a se apresentarem em tribunal para depor... Foi muito complexo encontrar a conexão entre a visão da França e da Alemanha em tempos de guerra: lembro que Franz Stock, alemão, passou os anos mais profícuos do seu apostolado na França", declara por escrito o advogado para justificar uma vez mais, "cifras que à primeira vista poderiam parecer elevadas".

O príncipe dos postuladores tem uma atividade decididamente próspera. Entre dezembro de 2012 e janeiro de 2013 algumas irmãs carmelitas da Pensilvânia pagaram-lhe 31 mil euros para iniciar a causa de Therese Lindenberg, e dois meses depois ele recebeu outros 25.500 euros da associação União de Oração para a Paz entre os Povos, em homenagem a Carlos I d'Áustria, o último imperador Habsburgo, tornado beato em 2004, e que seus fãs querem ver santo o mais rápido possível. As faturas de Ambrosi dizem respeito a uma "consultoria com um bispo de Santa Fé" (6 mil euros) e "consultorias exigidas pelo tribunal eclesiástico" (18 mil euros), enquanto as viagens do advogado e de um assistente aos Estados Unidos para a pesquisa do milagre foram arredondadas para 10 mil euros.

Talvez seja por acaso, mas as canonizações mais custosas são aquelas que têm como atores as congregações e ordens religiosas norte-americanas, em geral bem mais ricas do que as da América do Sul ou da Ásia. Alguns exemplos: para Nelson H. Baker, o reverendo e vice-postulador Paul Burkard gastou em seis anos 88 mil euros; a empresa de devoção ao padre Edward Flanagan torrou em menos de dois anos 41 mil euros; e a arquidiocese de Oklahoma City, que quer ver como beato Stanley Francis Rother, investiu 101 mil euros.

Os alemães também não estão preocupados com os custos: sempre acompanhados pelo escritório de Ambrosi, os padres da arquidiocese de Freiburg para a causa de Bernardo de Baden investiram somente entre 2010 e 2013 mais de 98.800 euros (13.500 apenas para a transcrição de "um processo histórico manuscrito em latim, de muitas centenas de páginas", explica o advogado romano), enquanto de 2009 a 2013 as Irmãs Franciscanas da Adoração Perpétua, de Olpe, município de 25 mil habitantes na Alemanha Central, em vez de seguir os ensinamentos de sobriedade de São Francisco, decidiram gastar 126.895 euros em sua conta no IOR para beatificar Maria Theresia Bonzel, fundadora da ordem e que ascendeu às honras dos altares em 13 de novembro de 2013.

Portanto, para ver santificados os fundadores e antecessores mais ilustres, monsenhores, bispos e fraternidades entregam sua alma e se dispõem a despejar rios de dinheiro em Roma e na fábrica vaticana. Para as comunidades católicas, saber que um favorito seu está sentado ao lado do Senhor é motivo de uma fé renovada e de orgulho local, e as diversas igrejas, há séculos, não deixam escapar essas preciosas oportunidades, investindo na causa o seu patrimônio e as doações que conseguem recolher de seus fiéis. Não estranha que uma das causas de canonização mais custosas tenha sido a que desde 1996 procura levar à beatitude o padre Michael McGivney, fundador da associação católica mais rica e poderosa do mundo, a dos Cavaleiros de Colombo. É um *lobby* extremamente influente, composto por 1,8 milhão de inscritos, dedicado à beneficência (170 milhões de dólares circularam pelo mundo apenas em 2014), ao voluntariado e ao negócio das apólices de seguro de vida. No último balanço publicado, as apólices subscritas superaram os 2 milhões, para um valor total que chegou à hiperbólica cifra de 99 bilhões de dólares, enquanto os ativos investidos diretamente pelos Cavaleiros em fundos e ações alcançou 21 bilhões. Caso praticamente único desde o início da crise econômica de 2008, os Cavaleiros conseguiram aumentar seu giro de negócios em 41%. Para o atual chefe dos *Knights*, Carl A. Anderson, cavaleiro supremo da ordem e ex-membro do IOR, o dinheiro investido na beatificação de McGivney é provavelmente irrisório, mas sem dúvida as cifras que Ambrosi teve de apresentar à Prefeitura dos Negócios Econômicos e à Cosea são impressionantes: 6 mil euros para "consultas médicas", 27 mil euros "para uma viagem de trabalho do postulador com seu assistente-intérprete" realizada em 2009, outros 13 mil para uma viagem às Filipinas para a pesquisa de um milagre do venerável McGivney, 61 mil "para o trabalho desenvolvido no processo diocesano em Manila". Taxas vaticanas, *positio* e decretos, por fim, fizeram com que a causa superasse até agora os 233 mil euros de despesas.

O Vaticano sempre negou que os custos da fábrica de santos fossem altos, destacando que eventuais excessos não seriam por certo em gastos com a Santa Sé. "Uma coisa segura é que não é a Congregação que determina as despesas", argumentou o ex-prefeito José Saraiva Martins no *Osservatore Romano*. "Só intervém de modo indireto. O postulador da causa é que atua como 'caixa', é quem recolhe o dinheiro necessário e paga as contas. A Congregação apenas coloca em contato os diversos atores do processo, e nada mais." Na realidade, porém, é o Vaticano que nomeia todos os postuladores, sejam eles eclesiásticos (que, à parte o reembolso das despesas, com frequência não cobram um euro sequer) ou leigos, e é sempre a Congregação que organiza os cursos obrigatórios dos quais os postuladores devem participar. Em suma, a permissão oficial para entrar no circuito das santificações é dada pela Igreja. Além disso, até a investigação promovida por Francisco, o controle dos custos foi mínimo. E pouca atenção tem sido dada aos possíveis conflitos de

Avv. Dr. Andrea Ambrosi
Patrocinante presso la Rota Romana e
la Congregazione delle Cause dei Santi
Postulatore delle Cause di Beatificazione e Canonizzazione

DICHIARAZIONE

AGGIUNTIVA DEL POSTULATORE

CAUSA DI BEATIFICAZIONE E DI CANONIZZAZIONE DEL SERVO DI DIO FULTON SHEEN

(Prot. n. 2505)

riguardante i rendiconti economici degli anni 2008/2013)

Roma, 22 gennaio 2014

Questa Causa *s. vita, virtutibus et fama sanctitatis del ven. Servo di Dio* si trova al termine della fase romana del processo per la beatificazione. I rendiconti economici presenti rilevano le cifre spese nel corso di questi anni in forma di diversi pagamenti di acconto, per quanto riguarda:

a*) la stesura della Positio S. vita, virtutibus et fama sanctitatis*, la quale si basa sullo studio e l'elaborazione di oltre 70 volumi di Copia Pubblica. Essendo poi stato Mons. Sheen uno dei più fecondi scrittori di Gesù e di Maria, ho dovuto farmi mandare e leggere – per trovare spunti aggiuntivi sull'esercizio virtuoso – la sua opera omnia, ammontante a ben 83 volumi. Per la stesura della Positio, oltre alle mie forze, si sono aggiunte anche quelle di due mie collaboratrici, con le quali ho lavorato per due anni. Ciò va tenuto presente nel valutare l'elevato importo complessivo.

b) Per quanto riguarda la sezione miracoli, il primo che ci è stato segnalato è avvenuto a Pittsburgh ed ha avuto come protagonista il bambino Fulton Fontana. Dal punto di vista canonico tutti i passaggi sono stati compiuti regolarmente, fino alla

Via di Tor Millina, 19 – 00186 Roma
Tel. 06.6892622 – Fax 06.68130862 – e-mail : avvambrosi@mclink.it
English: avvambrosi@tiscali.it
Deutsch / Français: studioambrosi@tiscali.it

presentazione del processo alla Congregazione delle Cause dei Santi. Ma proprio quando la *Positio* era pronta per andare in discussione, ci è stata segnalata la presenza di un caso ancor più eclatante, quello di un neonato, di nome James Fulton, di Peoria, resuscitato dopo 61 minuti di arresto cardiocircolatorio. Dovendo scegliere tra uno dei due, abbiamo optato per questo secondo; attualmente la *Positio* è prossima ad andare in Consulta Medica.
Anche qui le cifre poste in bilancio si comprendono facilmente tenendo conto del grande lavoro fatto per portare avanti due miracoli, dall'inizio alla fine.

Distinti ossequi.

Avv. Andrea Ambrosi
Postulatore

Declaração de Andrea Ambrosi justificando os mais de 332 mil euros gastos com a causa de canonização do arcebispo Fulton John Sheen. O advogado argumenta que foram necessários dois anos entre leituras da produção de Sheen e redação de 70 volumes para o processo de canonização, com o auxílio de dois colaboradores. Diz ainda que teve gastos com uma viagem a São Petersburgo para verificar um milagre e que o valor aumentou quando se descobriu outro milagre, o que exigiu uma nova investigação.

interesses no negócio da tipografia, um dos itens mais caros de toda causa. A única empresa que tem o monopólio da impressão dos documentos a serem depositados junto à Congregação para as Causas dos Santos é a Nova Res SRL, localizada na piazza di Porta Maggiore, cuja participação acionária majoritária está nas mãos da família do advogado Ambrosi – que, segundo os dados da Câmera de Comércio de Roma, obteve da Nova Res, apenas em 2013, ganhos de 621 mil euros.

Os auditores empossados por Francisco chamaram a atenção também para outras movimentações contábeis, como as da causa de beatificação de Theophilo Matulio (o novo postulador declarou à

Congregação "não possuir informações detalhadas sobre despesas" do seu predecessor), as da conta IOR da postulação geral da Ordem dos Mínimos (cuja conta era usada também para empréstimos *ad personam*) e as dos investimentos financeiros de congregações colombianas de Medellín que transitaram por contas destinadas, em tese, aos servos de Deus. "No que se refere às práticas recebidas pela postuladora Silvia Correale, assinala-se que, na sua generalidade, as causas em questão resultam particularmente carentes de justificativas e de descrições, tanto para os itens de entrada quanto para os de saída", explicou Versaldi ao prefeito da Congregação, Amato, solicitando ainda "a documentação relativa à saída de um *catering* de 10 mil euros" necessário para a beatificação de François Nguyên van Thuán; destacando "as excessivas movimentações em dinheiro vivo" efetuadas pelo postulador Paolo Vilotta para a canonização de Isabel Cristina Campos; e pedindo "maiores detalhes, em particular sobre os itens de saída" para a beatificação de Eduardo Francisco Pironio. "Na realidade, não se faz presente um balanço que possa de algum modo dar ideia do emprego dos recursos à disposição de tal causa, que, embora definida como 'paupérrima' pela postulação, em definitivo não parece tão pobre assim." Mas o papa e seus homens lamentam a ausência de notas fiscais que comprovem as despesas e o trabalho desenvolvido pelos postuladores, médicos, tradutores e especialistas diversos. "Esta Congregação constata que no passado não era habitual pedir notas fiscais nem recibos e que, portanto, uma documentação completa mostra-se impossível de rastrear", admitiu Amato em uma carta a Versaldi.

No final da investigação, Bergoglio decidiu tentar remediar. Pediu a todos os postuladores que ficassem sujeitos a uma tarifação única

CONGREGAZIONE
DELLE CAUSE DEI SANTI

PREFETTURA AFFARI ECONOMICI
DELLA SANTA SEDE

15 MAG 2014

Prot. n. 1287

CR SS
14/7 3/10

Roma, 14 maggio 2014

Prot. N. VAR. 7485/14

Eminenza Reverendissima,

in riferimento alla Sua lettera N. 1145 del 3 aprile 2014, si trasmettono le copie dei giustificativi di spesa riguardanti i bilanci precedentemente inviati e contrassegnati con i numeri 219, 223 e 224, relativi alle Cause delle Serve di Dio Henriette Delille e Clelia Merloni e della Beata Paolina Mallinkrodt.

Come si evince dalla documentazione in allegato, vi è assenza di ricevute o fatture attestanti il lavoro svolto dal postulatore o dai traduttori e una parziale mancanza di corrispondenza tra le altre spese e il loro fatturato.

Questa Congregazione constata che nel passato non era in uso richiedere né ricevute né fatture e, pertanto, una documentazione completa risulta irreperibile.

Per il futuro si assicura che sarà sollecitudine di questo Dicastero provvedere alla verifica delle spese sostenute dal postulatore secondo le indicazioni del tariffario emanato dalla stessa Congregazione.

Colgo l'occasione per confermarmi con sensi di distinto ossequio

dell'Eminenza Vostra Rev.ma
dev.mo

Angelo Card. Amato, SDB
Prefetto

15-V-2014
CN

(con allegati)

A Sua Eminenza Reverendissima
Il Sig. Card. Giuseppe VERSALDI
Presidente della Prefettura
per gli Affari Economici della Santa Sede
Città del Vaticano

Em carta ao cardeal Versaldi, o cardeal Amato explica a ausência de notas fiscais nos arquivos da Congregação no que diz respeito aos gastos envolvidos em causas de santos. Anexa documentos aos quais faltam faturas de trabalhos de tradução e de honorários, mas justifica as ausências lembrando que as exigências de emissões de notas fiscais e de faturamentos não eram usuais no passado. Para o futuro, se compromete a apresentar todas as notas e faturas dos trabalhos realizados pelo e para os órgãos de sua responsabilidade.

de referência, tanto para a fase diocesana (elaborada pelo próprio Colégio de Postuladores) quanto para a fase romana, de modo a conseguir "maior sentido de sobriedade e equidade, e que não haja disparidade entre as diversas causas", como anunciou no início de 2014 o prefeito Amato, que Francisco manteve até agora no cargo.

Os críticos, dentro dos muros leoninos, temem que a tarifação possa ser facilmente driblada, e que a solução prevista não consiga mudar de fato o mecanismo perverso da fábrica. Veremos. Por enquanto, o príncipe dos postuladores deverá ser mais perspicaz ao definir as parcelas, mesmo porque, como afirmou Amato em uma carta privada a Versaldi, "julgou-se oportuno chamar a atenção do advogado Andrea para a imprescindível exigência de rever seus honorários, assim como para os custos das causas, à luz das disposições do departamento que se seguirão, e de ater-se rigorosamente, no futuro, às normas vigentes".

4

Os mercadores do templo

Não cobiçarás a casa do teu próximo.
Não cobiçarás a mulher do teu próximo,
nem seu escravo, nem sua escrava, nem seu boi,
nem seu jumento, nem coisa alguma do que lhe pertença.
ÊXODO 20, 17

Há um cardeal que mais que os outros encarna, contra a vontade, um oxímoro: aquele entre o pauperismo que deveria ser próprio do homem de Igreja e o luxo ostentado por certo tipo de vida mundana. Seu nome é Tarcisio Bertone. Este monsenhor de Romano Canavese que, em 2006, se tornou o braço direito de Bento XVI, acabou caindo no triturador de carne midiático assim que foi nomeado Secretário do Estado vaticano. Num primeiro momento, o padre que torce pela Juventus e pela Ferrari de Sebastian Vettel foi criticado por sua gestão autoritária do poder e por relações consideradas muito estreitas com expoentes do berlusconismo. Depois passou a ser censurado por causa de intrigas e escândalos financeiros: da caça ao presidente do IOR, Ettore Gotti Tedeschi, ao empréstimo de 15 milhões que a instituição concedeu à catolicíssima produtora Lux Vide, de propriedade do amigo Ettore Bernabei, passando pela tentativa de constuir um grande polo sanitário vaticano, até chegar aos negócios – supostos – entre o IOR e a Banca Carige, não houve nenhum momento sequer em que Bertone tenha tido paz.

Com a chegada de Bergoglio, o braço-direito de Ratzinger aposentou-se, mas continuou sendo o alvo principal e o símbolo negativo de uma Igreja a ser reformada e foi, novamente, massacrado pela cobertura "de setecentos metros quadrados com terraço panorâmico", segundo os jornais, para a qual se mudou em dezembro de 2014. Um apartamento cujo porte e opulência foram estigmatizados por toda a mídia mundial, incluindo o *Washington Post*. Até suas férias no Vale d'Aosta, em Les Combes, e o jantar para celebrar seus oitenta anos, que alguém disse ser "à base de trufas de Alba e vinhos refinadíssimos", atiçou a indignação popular. "Como é possível que um cardeal tenha a coragem de rir de todos nós? É uma riqueza que dá asco. Diz que pagou a casa com seu dinheiro. Mas como? Não acredito que um apartamento desse tipo custe mil euros", resumiu dom Mazzi dando voz à reprovação popular. "Enquanto existir a Igreja de Bertone não estaremos nunca alinhados com o Evangelho. A pobreza é um pressuposto para crer."

Na realidade, a cobertura do monsenhor é de propriedade do Vaticano: antes de ser emprestada para uso de Bertone, era privilégio do ex-chefe da polícia civil, Camillo Cibin, e quando o ex-secretário de Estado não o habitar mais será usado por outros prelados. É muito confortável quando comparado aos setenta metros quadrados da residência Santa Marta, onde o papa Francisco escolheu viver e trabalhar, mas – segundo a imprensa – não supera os trezentos metros quadrados. “O terraço fica à disposição de todos os outros inquilinos do palacete San Carlo. E, como pode ver, os aposentos são muito menores que os de outros palácios do Vaticano”, defendeu-se Bertone, mostrando sua mansão ao jornalista Andrea Purgatori. “O papa foi informado de tudo, até mesmo do pequeno escritório designado à secretaria. O jantar do meu aniversário? Nada de vinhos DOC ou trufas, mas tinha, sim, um ótimo molho de trufas...”

Examinando os documentos dos escritórios do *Governatorato* responsáveis pelo desenho das plantas, fica clara a origem da lenda dos “setecentos metros quadrados”, e a razão pela qual os jornais duplicaram a metragem da nova moradia. Para fazer a cobertura foram unidas duas casas contíguas, a de Cibin, e aquela por um tempo habitada pelo monsenhor Bruno Bertagna, morto no final de 2013. Mas três grandes aposentos, obtidos com a reforma, foram acrescentados a um terceiro apartamento limítrofe ao palacete do Arcipreste (anexado ao palácio San Carlo), onde mora o monsenhor Angelo Comastri, que assim ampliou a sua – já grande – residência. Outros 150 metros quadrados foram por sua vez destinados ao imponente arquivo do ex-secretário de Estado, que compartilha a casa com três religiosas que o auxiliam.

Revelado o mistério, resta o fato de que Bertone não tem do que se queixar. Mas, caminhando pela Cidade do Vaticano e dando uma espiada no interior das casas dos chefes da cúria, salta aos olhos que os apartamentos de alto valor destinados aos prelados não são a exceção, e sim a regra. Quase todos têm salas duplas, vários dormitórios, três banheiros, capela privada, gabinete e escritório. Com exceção do papa e de outros fidelíssimos a Bergoglio, como o monsenhor Alfred Xuereb e o secretário Fabián Pedacchio Leániz, que decidiram ficar em locais modestos de poucos aposentos, são dezenas os prelados de veludo vermelho que repousam em moradias suntuosas. Muito maiores e mais luxuosas ainda do que aquela, hoje célebre, de Bertone.

No palacete do Arcipreste, por exemplo, além de Comastri mora também o cardeal Giovanni Battista Re, que dispõe de trezentos e tantos metros quadrados e de um terraço (este, sim, privado) defronte à estação vaticana, onde o prelado organizava jantares com o amigo Antonio Fazio, ex-número um do Bankitalia e legionário de Cristo, e com figurões, como Angelo Balducci e o ex-ministro Claudio Scajola. Pietro Parolin, novo Secretário de Estado, segundo a propaganda desejada pelo grupo bergogliano hiperpauperista, viveu um tempo ao lado do papa em um apartamento de dois quartos no alojamento, mas depois de dois anos mudou-se para o maravilhoso apartamento que foi de Bertone no palácio apostólico, com a sede da secretaria decorada com afrescos da escola de Rafael e ornamentos em ouro. Também o arcebispo Carlo Maria Viganò, ex-secretário geral do *Governatorato* e, desde 2011, núncio apostólico nos Estados Unidos, tem uma casa no último andar do palácio onde está situada a polícia vaticana. São cerca de 250 metros quadrados e sete aposentos que, no entanto, estão na realidade desabitados: Viganò, inimigo jurado de Bertone e conhecido por ter denunciado, com cartas duríssimas que chegaram aos jornais, supostos escândalos e atos de corrupção no Vaticano, é o único "embaixador" que conseguiu manter as chaves da sua mansão mesmo depois de ter sido mandado para o exterior. "Um privilégio inaceitável que já dura agora quatro anos", contaram os prelados que têm direito a moradia e foram obrigados a viver fora dos muros, alguns até às próprias custas. "Viganò esperava que Francisco o convocasse a voltar a Roma, mas não foi o que aconteceu. Agora George Pell está tentando tirar-lhe a 'segunda casa', mas não será fácil: o núncio lembra aos seus amigos que o apartamento lhe foi designado por João Paulo II com uma comunicação pessoal, e que nunca ninguém o pediu de volta, nem mesmo Francisco".

Atrás dos sagrados muros, entre palácios renascentistas e moradias oitocentistas, é difícil encontrar apartamentos humildes e de baixa metragem. Pell, "ministro da Economia" de Francisco, mora na torre San Giovanni, no meio dos jardins vaticanos, em trezentos metros quadrados, algo assim, a mesma metragem de outros capas vermelhas como Giuseppe Versaldi, Mauro Piacenza e Fernando Filoni, atual prefeito da Propaganda Fide, que mora em uma casa no alto do Janículo. O cardeal Francesco Marchisano faleceu em 2014 em seu apartamento de cerca de seiscentos metros quadrados em San Callisto, área extraterritorial do Vaticano em Trastevere, enquanto o monsenhor Josef Clemens, o histórico Secretário de Ratzinger quando este último era prefeito da Congregação para a Doutrina da Fé, usa um apartamento no palácio do Santo Ofício com um salão anexo do século XVII cheio de afrescos, no mesmo andar do cardeal Velasio DePaolis. Ambos, naturalmente, desfrutam de uma vista cinco estrelas da basílica de São Pedro.

"Jesus quer que seus bispos sejam servos, e não príncipes. Não é possível compreender o Evangelho sem a pobreza", repete nos sermões o papa Francisco. Talvez isso tenha feito Angelo Sodano, predecessor de Bertone, ficar de orelha quente. Para sair da Prima Loggia do palácio apostólico, o ex-secretário de Estado de João Paulo II pediu e conseguiu meio andar do grande Colégio Etíope, e para reformá-lo completamente foram necessários meses de trabalho. Seu companheiro de patamar foi, por oito anos, até sua morte em 2014, o amigo cardeal norte-americano Edmund Casimir Szoka, ele também excluído da *nouvelle vague* de Bento XVI em setembro de 2006. As más línguas dizem que os dois apartamentos de luxo foram uma espécie de compensação.

O presidente emérito da Conferência Episcopal Italiana, Camillo Ruini – como escreveu Ignazio Ingrao – mora na viale Vaticano, em uma cobertura de quinhentos metros quadrados (distribuídos, no entanto, entre residência e escritório), mesma metragem da qual pode dispor José Saraiva Martins, prefeito emérito da Congregação para as Causas dos Santos "com cobertura e sobrecobertura de quinhentos metros quadrados", explicou o vaticanista de *Panorama*, "com vista da basílica de São Pedro". Os mega-apartamentos são ex-moradias de representação, com alguns espaços destinados a duas ou três irmãs, que cozinham, servem e fazem a arrumação. O aluguel é gratuito, mas os custos de administração ficam a cargo dos veludos púpura, que, entretanto, recebem também um "cheque cardinalício", antes chamado de *piatto*, que varia entre 5 e 6 mil euros líquidos por mês, cifra que compreende também o estipêndio espiscopal.

Uma propriedade para monsenhor Rambo

Domenico Calcagno tem muitos interesses: a fé, a família, os amigos. Mas acima de qualquer coisa o presidente da Apsa, um dos monsenhores bertonianos que manteve enorme poder também na nova era do papa Francisco, é apaixonado pelo campo e por armas de fogo.

Nascido na aldeia de Parodi Ligure, em 1943, com uma carreira fulminante graças também aos bons ofícios do cardeal Giuseppe Siri que o ordenou presbítero, Calcagno decide obter a licença para porte de arma para uso esportivo em 2004, depois de ter se inscrito no tiro ao alvo nacional alguns meses antes. Monsenhor Rambo, era assim que o chamavam em Savona, depois que um jornalista, Mario Molinari, revelou que o prelado foi fundo em suas economias e comprou um fuzil Breda calibre .12, um mosquete Schmidt Rubin, um fuzil Remington norte-americano, outro russo marca Mosin-Nagant e uma carabina calibre .12 Hatsan de fabricação turca. "Para uso esportivo e para coleção." Calcagno conserva com ele também um fuzil Beretta, uma espingarda cano duplo de caça "Fusil special" produzida na Bélgica, mais dois fuzis de dois canos e, por fim, uma arma Smith&Wesson, potente revólver calibre .357 chamado também de *Distinguished Combat Magnum*, um adereço que o inspetor Callaghan teria certamente apreciado. Calcagno declarou "guardá-las no seu dormitório em um armário trancado a chave".

Em 2007, Calcagno mudou-se para Roma depois que Bento XVI o promoveu a Secretário da Apsa, e não se sabe se na mudança levou com ele seu arsenal. Com certeza, dentro dos muros leoninos sentiu muita falta da pólvora dos disparos e da vida no campo. Assim, quando se descobriu que a entidade da qual foi Secretário e que preside desde 2011 possui terrenos agrícolas dos mais belos da capital, ele decidiu não mais ficar preso na armadilha do apartamento que lhe concederam no Vaticano, e arrumou para si também um bom retiro com apartamento e casa de fazenda, imersos em cerca de vinte hectares dentro da propriedade San Giuseppe, na via Laurentina.

Apreciador de matemática e finanças (Siri percebeu suas habilidades bem cedo, quando seu aluno conseguiu reformar graças a financiamentos privados o oratório genovês de São Erasmo), Calcagno é um dos poucos cardeais especialistas em números: nomeado em 1996 presidente do rico Instituto Central para o Sustento do Clero, organismo da CEI, desde 2011 administra pessoalmente os bilhões e as propriedades da Apsa. Entre essas há também duas propriedades romanas, situadas dentro do grande rodoanel, que há anos despertam enormes interesses imobiliários. A primeira chama-se propriedade dell'Acquafredda, e estendia-se originalmente por 117 hectares (entre a via Aurelia e a via dei Casali di Acquafredda), com onze imóveis e dezenas de construções, dentro de um dos poucos trechos agrícolas romanos que sobreviveram no interior da cidade. Uma enorme propriedade de imenso valor que o Capítulo de São Pedro, entidade que administra os bens da basílica, recebeu como herança de uma abastada família romana.

Há alguns anos, porém, parte importante da propriedade mudou de dono: primeiro o Capítulo, a título de transferência, doou uma parte à Apsa. Depois, a Santa Sé, após ter verificado que a transformação do terreno agrícola em solo edificatòrio era praticamente impossível (já em 2004, nos tempos de Walter Veltroni, um protocolo de intenções para tornar edificável vinte hectares da propriedade havia sido bloqueado por protestos de ambientalistas), decidiu transferir mais da metade da terra, ou seja, sessenta hectares, para a Prefeitura de Roma, que hoje montou lá uma reserva natural protegida.

Não foi, porém, uma gentil homenagem do Vaticano à cidade que o hospeda: como se fosse uma permuta, a Apsa obteve em troca, da Prefeitura, futuros direitos de edificação para 65.625 metros quadrados, o equivalente a 210 mil metros cúbicos. O documento mais recente do negócio entre Roma Capital e a Apsa é datado de 30 de janeiro de 2013, e coloca os pontos nos "is" na deliberação do verão de 2011, solicitada pela prefeitura de Gianni Alemanno, mas votada em bloco por todos os demais partidos. "As partes como acima constituídas concordam que, oportunamente e com medidas específicas, os referidos direitos de edificação estarão localizados em uma ou mais áreas de 'aterrissagem'[19] no interior do território de Roma Capital", lê-se no documento. Em outras palavras, o Vaticano tem direito de construir em Roma mil novos apartamentos de dimensões pequenas e médias. Para a imprensa, segundo o Vaticano – conforme carta de junho de 2009 do então secretário da Apsa, Calcagno, dirigida a Bertone –, "a estimativa do valor do plano urbanístico é de cerca de 70 milhões de euros".

Quando e onde, porém, ainda não se sabe: será decidido em conjunto pela Apsa e por técnicos da Prefeitura em futuro próximo. Mas há uma carta de 24 de fevereiro de 2009 que o então chefe da Apsa, monsenhor Attilio Nicora, enviou ao ex-secretário de Estado Tarcisio Bertone, que dá alguns indícios: na realidade, a edificabilidade "que havia sido prevista para Acquafredda seria designada pela Prefeitura à Laurentina... A área de Acquafredda restante referente à Santa Sé (cerca de 48 hectares) poderia em parte ser implementada como área agrícola produtiva, em parte – sobretudo na zona

---

19. Na Itália, os urbanistas usam uma linguagem metafórica para se referir ao direito de edificação, destacando três fases: a "decolagem", fase de criação dos direitos de edificação por parte de entidade municipal; o "voo", fase intermediária, em que os direitos já foram atribuídos, mas não podem ainda ser exercidos plenamente; e a "aterrissagem", fase executiva dos direitos de edificação. (N. T.)

concernente à via Aurelia – mantida na condição atual com a não infundada expectativa – garantem nossos técnicos de confiança – de que em alguns anos as exigências de expansão urbana levarão a uma revisão dos atuais limites do parque e a tornar edificável a própria área". Hoje é Calcagno que se ocupa da questão da Acquafredda: com uma assinatura, o papa Francisco atribuiu-lhe plenos poderes sobre o que resta da propriedade vaticana.

A Apsa possui ainda outro latifúndio, o de San Giuseppe. Situado na via Laurentina, tem 22 hectares com plantações e quinhentos de oliveiras imediatamente fora do rodoanel, um bem que o Vaticano recebeu em 1975 como legado da família Mollari. Depois de anos de negligência, em 2002, Angelo Proietti, o empreendedor e construtor amigo dos cardeais dos quais já falamos, conseguiu gratuitamente galpões, casas e armazéns da propriedade para a sua empresa Edil Ars, até que em 2006 foi mandado embora porque, segundo outra carta de Nicora a Bertone, "revelou ser uma contraparte não confiável". Desde então, em vez de alugar a possessão a terceiros para torná-la lucrativa, após uma tentativa malsucedida de criar uma instalação fotovoltaica de 2 milhões de euros e depois de ter decidido não vendê-la para evitar perder dinheiro, em 2011, o novo presdiente da Apsa, Calcagno, decidiu transformá-la em uma espécie de segunda casa. Onde poderia descansar, cultivar plantas e relaxar com os amigos.

Para realizar seu sonho agreste, o cardeal estipulou em dezembro de 2011 uma escritura privada com uma nova empresa agrícola, a San Giuseppe, constituída apenas dois meses antes, cujo sócio e administrador delegado é Giuseppe Calcagno, genovês, casado com uma sua homônima, Maria Angela Calcagno, nascida na mesma cidadezinha de origem do monsenhor. Em um primeiro momento, outro sócio da afortunada sociedade assumiu gratuitamente a gestão de nada menos que 22 hectares e edificações anexas: tratava-se de Alberto Mattace, agrônomo funcionário do departamento Propaganda Fide, que foi cooptado para o projeto. Na realidade, porém, quem comanda é Calcagno com o púpura, que, em poucos anos, constrói seu cantinho no paraíso.

Em 2013, no entanto, alguém se deu conta de que Calcagno passava grande parte de seu tempo fora dos muros entre colmeias e hortas. Assim, a Prefeitura dos Negócios Econômicos, que Oltretevere faz servir de Tribunal de Contas, expediu uma carta pedindo ao cardeal que descrevesse em detalhes o projeto de lei que levara a Apsa a ceder o uso da propriedade, e que explicasse quais as relações entre o monsenhor e os sócios da San Giuseppe. A resposta do presidente foi uma carta datada de 29 de maio de 2013: Calcagno justificou-se alegando que, depois de várias tentativas com outras empresas que utilizavam "a nossa propriedade de modo impróprio", e "tendo constatado que a inscrição direta na Confederação Geral de Agricultura e a conservação do registro IVA implicava dificuldades para a Apsa e a expunha em *prima facie*, decidiu acompanhar a constituição de uma terceira sociedade", que tem em comodato não só a San Giuseppe mas também a Aquafredda. "Relações familiares entre eu e Giuseppe Calcagno? Das informações obtidas em lápides do cemitério de Tramontana não é possível se chegar a um ponto de contato genealógico com eventuais ancestrais comuns... A pesquisa é improba porque a partir do final do século XVI os habitantes de Tramontana, em sua imensa maioria, eram classificados como Calcaneus de Calcaneis." O monsenhor evitou lembrar que o provável e distante parente era casado com uma prima sua, e que além disso nunca havia trabalhado na agricultura. Descobrimos nos registros da Câmara de Comércio que Giuseppe Calcagno havia, ao contrário, sido admitido em uma sociedade (a Imobiliária Aurelia) controlada 100% pelo Instituto Central para o Sustento do Clero, do qual o prelado Calcagno havia sido presidente.

Hoje, enquanto os agrônomos trabalham, o cardeal entretém-se fazendo as vezes de apicultor e cultiva plantinhas aromáticas. "Na escola, eu gostava de matemática", explicou há alguns anos em uma entrevista no *La Stampa*. "Após a morte prematura de meu pai, minha mãe me passou a administração do dinheiro que ela conseguia economizar." O destino já estava marcado.

O moralizador esbanjador

Francisco não esperava por essa, ainda mais do seu braço-direito. Em janeiro de 2015, alguém decidiu enviar ao papa todos os itens de despesa da recém-criada Secretaria da Economia, que Bergoglio confiara alguns meses antes a George Pell, o cardeal chamado da Austrália para corrigir usos e hábitos nefastos da cúria que comandara durante a era de Bento XVI. Bergoglio ajeitou os óculos, percorreu a lista, umas vinte páginas cheias de números e faturas, e ao chegar à última sacudiu a cabeça desconsolado: seu protegido havia torrado centenas de milhares de euros com voos de classe executiva, roupas sob medida, celulares caríssimos e até mesmo um gabinete de pia de 4.600 euros.

Uma lista de gastos insensatos que chegava, em apenas seis meses de atividade do novo departamento, a um total de mais de meio milhão de euros. No entanto, o prelado vindo de Melbourne para acertar as contas do Vaticano sequer pestanejou diante das reclamações. E a quem o criticava respondeu secamente que deviam confiar nele, que havia comprado apenas aquilo que era necessário para realizar seu trabalho. E, no entanto, os jornais expuseram isso claramente, e em Oltretevere foram muitos os que ficaram perplexos diante dos gastos do ministério (número D70000) criado com o objetivo declarado de moralizar o corrupto clero de Roma. De julho de 2014 a janeiro de 2015, os gastos chegaram a 501 mil euros, entre computadores, impressos internos, gastos monstruosos para amigos de amigos, roupas colocadas na conta do Vaticano, aluguéis, passagens aéreas, objetos de decoração de luxo e tapeçarias sob medida.

Nada mau para uma entidade que ainda não era operacional (os estatutos só foram aprovados em 22 de fevereiro de 2015) e para um escritório onde trabalham apenas três pessoas. Para fazermos uma comparação, o novo conselho para a Economia gastou no mesmo período 95 mil euros, menos de um quinto daquele valor, apesar de ser composto por quinze membros. As cifras que este livro publica em primeira mão são um paradoxo para quem, como Pell, em um relatório interno sobre "Políticas de Administração Financeira" convidou os demais cardeais à frente dos ministérios vaticanos a "reforçarem o processo de planejamento para que os recursos econômicos sejam destinados às missões da Igreja segundo critérios de eficiência, eficácia e de gestão sábia e razoável dos recursos".

O primeiro ato de George foi contratar seu gerente financeiro pessoal, Danny Casey, com um salário de 15 mil euros por mês. Líquidos, naturalmente. O monsenhor quer o melhor para o seu consultor de negócios de confiança. Assim, a secretaria também lhe alugou uma casa de 2.900 euros por mês na via dei Coronari e pagou uma mobília de qualidade para o escritório e para o quarto: as tabelas indicam no item "tapeçaria" 7.292 euros, quase 47 mil euros para "móveis e armários" (entre eles o "gabinete" de pia de 4.600 euros), além de pequenos trabalhos variados no valor de 33 mil euros.

Examinando a prestação de contas descobre-se que o cardeal (ou um de seus secretários) apontou também como despesas as aquisições feitas na loja Gammarelli, alfaiataria histórica, que desde 1798 veste a cúria da Cidade Eterna: geralmente, os capas vermelhas pagam do seu bolso suas túnicas e barretes, mas dessa vez a Secretaria faturou diretamente roupas no valor de 2.508 euros.

O novo *boss* do Vaticano não economizou sequer nas viagens. O Vigilante gastou, para ir de Roma a Londres em 3 de julho de 2014, 1.103 euros, preço de primeira classe. Quando voa, o cardeal jamais abre mão do luxo: quatro dias depois pegou de seu ministério o reembolso de um voo Roma-Dresden, na Alemanha, de 1.150 euros, e outro para Mônaco, de 1.238 euros, enquanto em dezembro passado a Escola da Anunciação de Devon, da qual o ultraconservador se tornou patrono, teve de arcar com 1.293 euros para uma viagem Roma-Londres. Pell e Casey também se acomodam na classe executiva quando precisam ir até Malta, onde vão ouvir os conselhos do financista Joseph Zahra. No entanto, é preciso destacar que todos os homens próximos ao cardeal voam de primeira classe, desde lorde

Christopher Patten (ex-presidente da BBC, que deveria reformar as comunicações da Santa Santa Sé) ao industrial de Singapura George Yeo, membro da Comissão para a Reforma do Vaticano. Alguém na Secretaria tentou fazê-lo ver que no Vaticano "não se pode pregar uma coisa e fazer outra", mas ao que parece não foi ouvido.

Assim, já que o czar que deveria estar fazendo *spending review* gastou mais do que o previsto, os resultados de suas ações também demoram mais a se manifestar. A inveja dos colegas é grande, as resistências também, os tempos bíblicos da cúria são legendários, e é inegável que os chefes dos velhos departamentos sejam muito relutantes a fornecer suas prestações de contas. Porém, as gafes do australiano contribuem para o impasse: o prelado não só irritou as hierarquias quando falou de supostos "tesourinhos" escondidos fora do balanço da Santa Sé como se tornou um alvo fácil em virtude dos escândalos dos padres pedófilos australianos.

"Com Pell, Bergoglio cometeu um equívoco colossal", é o refrão repetido à sombra dos sagrados muros. "Já o havíamos advertido sobre a investigação por pedofilia na Austrália. Mas ele fez como achou melhor. Assim, enquanto por um lado o papa manda prender o ex-núncio polonês Józef Wesolowski acusado de pedofilia [veio a falecer depois, em fins de agosto de 2015], por outro temos Pell, que compara os padres maníacos aos caminhoneiros que molestam quem pega carona na estrada. É embaraçoso."

O ex-bispo de Melbourne e de Sydney (que Bergoglio primeiro colocou dentro do C9 – o grupo dos "magníficos" convocados para aconselhar o pontífice no governo da igreja universal – e depois como prefeito do novo superministério que irá administrar todas as finanças vaticanas) em agosto de 2014 foi interrogado pela comissão de investigação criada pelo governo de Canberra para averiguar os milhares de casos de abusos sexuais de crianças perpetrados por sacerdotes, eclesiásticos e outros, como professores de escola e profissionais de outras áreas. Pell, na realidade, está há tempos na mira dos juízes, em consequência de algumas decisões tomadas quando era arcebispo, e ao esquema de indenizações que ele introduziu a partir de 1996, o chamado *Melbourne Response*, que estabeleceu um protocolo sobre como as dioceses deviam lidar com os casos de pedofilia que lhes fossem apresentados.

"Na realidade, tratava-se de um sistema projetado para controlar as vítimas, conter os abusos e proteger a Igreja", explicou a pesquisadora e editorialista Judy Courtin, que ao lado de vários outros observadores considera as ações de Pell voltadas – mais que para ajudar os sobreviventes – para "minimizar os delitos, ocultar a verdade, manipular, intimidar e tirar o máximo proveito das vítimas". Um estudo de um advogado australiano, Kieran Tapsell, demonstrou que em média as famílias que aceitaram o esquema de Pell conseguiram apenas 33 mil dólares australianos (cerca de 22 mil euros), enquanto aquelas que procuraram os tribunais comuns ganharam indenizações muito mais altas, de cerca de 382 mil dólares.

Chamado a responder por suas ações, Pell justificou-se comparando os sacerdotes pedófilos aos caminhoneiros, e a Igreja a uma empresa de transportes: "Do ponto de vista legal, não acho que uma companhia de transportes possa ser considerada responsável pelas ações de seus motoristas". Uma frase que chocou as vítimas presentes na plateia e os jornais de meio mundo (com exceção dos italianos, que não deram uma linha sobre o ocorrido), provocando um dilúvio de polêmicas.

As pessoas violentadas por padres australianos enviaram cartas falando de "vergonha e ultraje", e o advogado Tapsell conjeturou que o cardeal queria apenas proteger o dinheiro das dioceses, "guardado escondido em um *trust* que controla imóveis", de possíveis indenizações milionárias ordenadas pelos juízes.

As primeiras controvérsias sobre a figura de Pell remontam há uns dez anos. Em 2003, quando João Paulo II decidiu promovê-lo à capa vermelha, foram muitos os que repreenderam abertamente Wojtyla. Ultraconservador, orador fluente, de grande ironia, Pell meses antes fora obrigado a renunciar ao cargo de arcebispo, após ter sido acusado de abusos sexuais contra um menino de 12 anos. Uma infâmia da qual foi absolvido em 2002 por falta de provas. Não só isso. Em 2008, outra suposta vítima acusou o cardeal de ter acobertado um sacerdote maníaco (algumas cartas bastante comprometedoras assinadas por Pell foram publicadas em um programa sobre investigações do canal de TV nacional ABC), e os progressistas lembram que o prelado ex-campeão de futebol americano na Austrália fora levado aos tribunais também por um ex-coroinha, John Ellis. Em 2007, os advogados do cardeal foram obrigados a admitir os abusos cometidos por um padre mais tarde falecido, mas conseguiram convencer a Corte de Apelação de que "a Igreja não existe como entidade legal". A causa custou à diocese de Pell nada menos do que 750 mil dólares, mas a sentença permitiu à Santa Sé poupar milhões de dólares em indenizações.

Difícil vencer alguém como Pell. Astuto, inteligente e dissimulado, é filho de um *barman* de Ballarat, cidade de 80 mil habitantes a cem quilômetros de Melbourne. Afável com todos (capacidade aprendida servindo bebidas no balcão do *pub* da família), conseguiu quando criança sobreviver a um tumor na garganta, e mostra paixão por futebol americano, canoagem e boxe. Começou a frequentar o Seminário em 1960, depois voou para Oxford, onde obteve um doutorado em História da Igreja. Em 1996, o grande salto, quando foi nomeado – por vontade da hierarquia vaticana que apreciava sua intransigência doutrinária – bispo de Melbourne. Depois de ter saneado as contas da diocese graças à ajuda do seu gerente financeiro de confiança, Danny Casey, que agora está com ele em Roma, com os anos fez-se notar também por declarações surpreendentes: desde aquelas sobre os padres pedófilos ("É culpa também do celibato e da difusão da pornografia") até os comentários sobre o islamismo ("É uma religião beligerante por natureza"), passando pelas ásperas críticas dirigidas ao demissionário Bento XVI. Mas foram as investigações da Comissão Especial que fizeram com que o nome de Pell terminasse nos jornais anglo-saxões: diante dos juízes, foram muitas as vítimas que colocaram em evidência seus modos rudes e intransigentes. Entre eles Anthony Foster, pai de duas crianças molestadas por um padre (uma se suicidou, a outra está em cadeira de rodas após um acidente causado pelo alcoolismo), que definiu Pell em depoimento como um homem com "uma sociopática falta de empatia".

Em vista desse clima, o rapaz que nos sonhos do pai deveria se tornar um médico ou um grande advogado decidiu que chegara a hora de abandonar o hemisfério austral. Em 2010, tentou mudar-se para Roma pela primeira vez, pedindo a Ratzinger que o nomeasse prefeito da Congregação para os Bispos. A operação não deu certo. Com a chegada de Francisco, o ex-atleta jogou diante do novo papa uma nova cartada, e se apresentou como especialista em finanças, capaz de colocar em ordem a babel vaticana: apesar dos escândalos, seu plano de recriar o IOR e a Apsa convenceu Bergoglio, que o nomeou seu braço-direito.

As mais recentes telhas que caíram na cabeça de Pell remontam ao início de 2015: o cardeal amante do bom vinho quando era bispo de Melbourne não teria agido como bom cristão ao negar com veemência as acusações das vítimas e oferecer indenizações ridículas em foro civil. "Com isso, Pell queria desencorajar outros potenciais querelantes a citar a Igreja em juízo por abusos sexuais", é o que se lê no relatório preliminar da Comissão Nacional de Investigação sobre Pedofilia, instaurada pelo governo australiano. "O prelado eximiu-se de agir corretamente do ponto de vista cristão. As arquidioceses preferiram defender seu patrimônio em vez de oferecer justiça e compaixão." Mas Pell foi atacado também por Peter Saunders, um leigo que sofreu abuso quando garoto, e que Francisco quis pessoalmente colocar como membro da recém-criada Pontifícia Comissão para a Tutela dos Menores: "Pessoalmente, penso que a posição de Pell é insustentável, porque agora já conta com um catálogo de desmentidos. Repetidas vezes denegriu as pessoas e agiu com insensibilidade, falta de compaixão, de modo quase sociopático". Também um bispo aposentado, Geoffrey Robinson, depondo aos juízes australianos em fins de agosto de 2015, explicou não só que na Austrália os abusos eram sistematicamente acobertados e que os padres suspeitos eram transferidos de uma paróquia a outra, mas que Pell – ao idealizar o *Melbourne Response* – havia "destruído" a possibilidade de uma reação unitária da Igreja diante do escândalo das violências sexuais no país. Pell teria que responder às declarações sob juízo de testemunhas e vítimas, mas não foi até a Austrália para prestar testemunho sob juramento; em vez disso, publicou um comunicado pela imprensa negando ter sido cúmplice ou ter acobertado sacerdotes pedófilos. "O suicídio de muitas vítimas é uma tragédia imensa, os crimes cometidos contra elas por padres e frades são profundamente abomináveis e completamente repugnantes a meu ver."

É improvável que Pell perca a poltrona de prefeito da Secretaria da Economia. E é impossível que venha a ser investigado pelo tribunal vaticano, ao qual recentemente Francisco deu novos poderes para perseguir os bispos acobertadores. Não só porque em Roma ninguém fez, nem mesmo pela mídia, críticas formais a Pell, mas porque foi Bergoglio em pessoa que o promoveu, primeiro como um dos membros do chamado C9 (o grupo de cardeais que deve aconselhar o papa no governo da Igreja Católica) e depois como prefeito do novo departamento. Seria difícil para a Igreja voltar atrás após empossá-lo: os contragolpes, inclusive pela mídia, poderiam ser devastadores.

"Dom 500 Euros"

Em Salerno, onde nasceu e cresceu, ele é chamado de "dom 500 Euros". Em Roma, onde ficou preso algumas semanas no cárcere de Regina Coeli, os guardas o chamavam de "o nosso Paul Marcinkus". Mas a melhor tirada sobre Nunzio Scarano, contador da Apsa até 2013, monsenhor de ofício e comerciante por *hobby*, foi do próprio papa Francisco, feita em um avião quando voltava de sua viagem ao Brasil: "Vocês achavam que Scarano acabou na prisão por ter feito como a beata Imelda?", ironizou ele, citando a menina de Bolonha que no século XIV morreu em êxtase depois de ter recebido a Eucaristia. "Ter um padre na prisão é um escândalo. É uma coisa que dói."

As desventuras de dom Nunzio, o primeiro prelado da Cúria a acabar em uma prisão italiana, hoje libertado e respondendo a processo tanto em Roma quanto na sua Salerno, são um emblema da paixão por dinheiro que às vezes assalta os homens tementes a Deus. Até mesmo os juízes têm sido sensíveis aos contragolpes morais de histórias como essas. "O que é alarmante", escreveu a juíza das investigações preliminares de Salerno, Dolores Scarone, "é que os ilícitos de porte tão grave como esse, e os artifícios e enganos que os sustentam, são perpetrados por um alto prelado do Vaticano, um homem da Igreja cujas ações, segundo os ensinamentos da própria Igreja de Roma, são ou deveriam ser inspiradas nos valores da honestidade, da verdade, da humildade e da pobreza".

Ao contrário, o que se via eram dois processos correndo paralelos, centenas de interceptações telefônicas e a rogatória internacional pedida pelos juízes leoninos aos colegiados italianos (solicitação nunca feita antes na história judiciária entre a Itália e o Vaticano) desenhando o perfil de um aproveitador digno do *Guinness Book*, amante do dinheiro e da boa vida, com relações embaraçosas e uma paixão desenfreada por imóveis. Não só isso. O sacerdote foi capaz de lidar com intermediários e agentes secretos corruptos para trazer ilegalmente para a Itália 20 milhões de euros guardados em bancos suíços (segundo os investigadores, seriam fundos de dois armadores da Campânia, Paolo e Cesare D'Amico) e de lavar centenas de milhares de euros para saldar um empréstimo pendente sobre sua principesca casa no centro de Salerno. Mais que um padre, acrescentou o tribunal de apelação de Roma, dom Nunzio é "um consumado delinquente", com uma personalidade caracterizada por "atitudes marcadamente criminosas", alguém "capaz de manipular homens, instituições e coisas fazendo-os servir aos seus interesses pessoais".

Mas como é possível que um sujeito assim, acusado (aguardando julgamento, portanto, inocente até prova em contrário) de lavagem de dinheiro, corrupção, calúnia e fraude, tenha feito carreira no Vaticano? Quando foi que Nunzio se tornou "dom 500 Euros", passando da compra de móveis de luxo, Mercedes e casas dos sonhos à nomeação como capelão de Sua Santidade e contador da Apsa, chegando a poucos passos de ser nomeado arcebispo? Vamos partir do princípio. Aqueles que conheceram o Scarano jovem descrevem-no como um rapaz de natureza ambiciosa, mas de caráter bastante frágil. Nunzio nasceu em Salerno, em 1952. A família era de origem humilde e muito numerosa, e o rapaz compreendeu logo que as casas populares não combinavam com ele. "Ele se formou, obteve um diploma, tornou-se assistente universitário e depois encontrou trabalho como funcionário da Banca d'America e d'Italia", relatou seu advogado Silverio Sica. Mas para Scarano aquele trabalho honrado e bem pago não era o suficiente. Ele queria escalar a pirâmide social. Queria chegar ao topo, sem ter que parar no meio. Graças às excelentes relações com uma das famílias mais ricas e poderosas da cidade, a dos armadores D'Amico, começou a frequentar o *jet set*. Consultores de negócios, empreendedores, donos de cartórios e advogados de Salerno eram todos seus amigos; frequentava os melhores salões, as festas mais exclusivas. "Cresci com os D'Amico desde a primeira juventude", escreveu Scarano em uma carta ao papa, na qual procurava justificar suas ações. Em Salerno, dizem que foi Antonio, o fundador da empresa de navegação, quem estabeleceu laços com Nunzio quando este era apenas adolescente. Aos trinta anos, Scarano começou a ter bons contatos também com figurões da cúria salernitana, especialmente com Renato Raffaele Martino, à época cardeal e chefe do Pontifício Conselho da Justiça e da Paz, hoje cardeal protodiácono da Santa Igreja Romana e membro da fundação João Paulo II. Os dois foram muito próximos durante anos.

Talvez por influência de Martino, talvez por vocação espontânea, o caso é que Scarano, aos 35 anos, decidiu de repente mudar de vida, largar o emprego no banco e vestir o hábito. Em meados dos anos 1980 mudou-se para Roma para receber os votos e foi seduzido pela grande beleza da capital.

Depois de ser ordenado, Nunzio foi mandado para Eboli, no difícil bairro de Santa Cecilia [em Salerno]. Mas, após um tempo, as homilias e as bênçãos no interior começaram a tornar-se incômodas: Cristo pode ter parado em Eboli, mas Scarano queria voltar a Roma. O mais rápido possível. Debaixo da grande cúpula recebeu lições de teologia, conheceu membros da aristocracia papal, viveu nos majestosos palácios vaticanos. Sentiu falta daquela *dolce vita*. Então pediu ao bispo Martino que lhe desse uma mão e, graças à apresentação do amigo que desde sempre apreciou suas qualidades de contador, em 1992 foi admitido na Apsa. Scarano entrou como auxiliar técnico de primeira categoria.

A partir daí, a cavalgada ganhou ímpeto, e o faro para os negócios ficou cada vez mais aguçado. A lista dos bens sequestrados pela Guardia di Finanza durante a investigação sobre suposta lavagem de dinheiro foi impressionante: 2,2 milhões de euros depositados em nome do padre em uma conta do IOR dividida em dez subcontas, outros 938 mil euros conservados em duas contas na agência do Unicredit vizinha à piazza São Pedro, mais um patrimônio imobiliário das mil e uma noites. Era o distante ano de 1999 quando o monsenhor nascido em bairro popular decidiu que chegara a hora de comprar um apartamento no centro de Salerno, junto à rica burguesia que frequentava coquetéis e jantares. Escolheu, assim, uma casa a dez metros do Duomo, um palacete de dois andares e dez quartos, com pé direito de cinco metros, de propriedade de uma instituição vaticana, a das Pequenas Irmãs Operárias dos Sagrados Corações. Scarano fez um negócio da China: o apartamento na via Romualdo II Guarna era "de importante interesse histórico e artístico" (tanto assim que o Ministério dos Bens Culturais tinha prioridade de aquisição) e ele o levou embora por apenas 300 milhões de liras antigas, aproximadamente 150 mil euros.

O sacerdote parecia colocar mais fé nos tijolos do que nos sermões. Em julho de 2006, pagou mais 325 mil euros por uma casa menor, seis meses depois adquiriu uma garagem para carro na via Sant'Eremita e, em 2010, investiu 1,2 milhão de euros para ampliar seu apartamento, que passou a ter oitocentos metros quadrados. Scarano ainda não estava satisfeito e decidiu investir em três empresas imobiliárias, negócios aos quais se lançou com parentes e primos: o objetivo era vender e comprar doze chalés em Paestum, para depois investir no Crescent, o grande hotel à beira-mar tão desejado pelo ex-prefeito Vincenzo De Luca. Esse seu plano veio à luz a partir das interceptações telefônicas: em junho de 2012, Scarano explicou ao amigo de toda a vida dom

Luigi Noli que para reintroduzir o dinheiro dos D'Amico (investigados em Roma por evasão fiscal) havia beliscado uma comissão de 2,5 milhões de euros. "Para poder ficar com a casa, talvez sejam necessários", explicou ao telefone, "pedi dois e meio porque um milhão vai para Paestum e o outro vai para lá". Também dom Noli, pároco de Palidoro, uma região do Fiumicino, que se definia como "uma coisa só" com dom 500 Euros, acabou em prisão domiciliar, acusado de ter ajudado o companheiro a lavar o dinheiro dos armadores.

"Scarano é uma pessoa inquietante, alto prelado e homem formal da Igreja do Vaticano e também uma pessoa dedicada à vida mundana", espantou-se ainda a juíza de instrução preliminar de Salerno, estupefata com a descoberta de que o padre distribuía gêneros alimentícios destinados à caridade a amigos e parentes ("os tomates, o azeite e o vinho você dê para a sua mamãe", ordenou Nunzio a um amigo). Mas os juízes ficaram impressionados principalmente com o mobiliário e os objetos de decoração que encontraram na principesca casa do monsenhor: móveis de grande valor, relíquias, talheres, rosários em bronze e pedra, esculturas, colunas e quadros, prataria e tapetes orientais. Os jornais de 2013 e 2014 falaram também de obras de Chagall, Guttuso, De Chirico e de um crucifixo de Gian Lorenzo Bernini, mas o tenente-coronel Massimo Rossi, do Grupo de Tutela do Patrimônio Arqueológico da Guardia di Finanza, explicou que nem tudo o que reluzia era ouro: "Mandamos fazer uma perícia com os melhores especialistas italianos e em muitos casos trata-se de reproduções ou litografias". De qualquer modo, no conjunto, entre investimentos, casas e obras, o patrimônio financeiro de dom 500 Euros beira os 6,5 milhões de euros.

Como é possível que o pároco tivesse enfiado debaixo do colchão uma soma tão imponente, visto que entre 2007 e 2012 a sua renda declarada oscilava entre 6 e 8 mil euros ao ano (à qual se junta uma diária de 30 mil euros por ano líquidos, como bonificação do Vaticano)? O segredo talvez ficasse ainda inviolado se Nunzio não tivesse sido traído por sua paixão pela arte.

Em janeiro de 2013, após ter sofrido um furto de algumas obras, Scarano foi ofegante até os *carabinieri* para denunciar o latrocínio de quadros e objetos preciosos, num valor que ele mesmo avaliou "entre 5 e 6 milhões de euros". Os militares não precisaram de muito para notar a desproporção entre os ganhos do pároco e suas imensas posses econômicas. Polícia e Guardia di Finanza começaram a investigar não mais apenas o furto, mas também as origens do patrimônio, e descobriram tudo. Primeiro, que a "imensa provisão do padre deriva, em sua quase totalidade, de provisões econômicas fornecidas pelos armadores D'Amico". Examinando as contas correntes do IOR, os investigadores compreenderam que Paolo, Cesare, Maurizio e Maria Cristina D'Amico fizeram convergir dinheiro para o sacerdote. Em média, chegavam cerca de 100 mil euros por mês, por meio de bonificações pessoais ou através de empresas *offshore* como a Keats Trading e a Interbroker das Ilhas Virgens Britânicas, e a Lennox Maritime e a Cherry Blossom, duas empresas fantasmas que "para o Estado mostraram-se absolutamente desconhecidas, mesmo para os principais bancos de dados empresariais em nível mundial", explicaram os juízes em 2014. "Portanto, não se tem notícia alguma não só quanto à sua estrutura societária, mas também até mesmo quanto à sua existência". A suspeita é que os D'Amico, que em dez anos despejaram nas contas de dom 500 Euros mais de 3,2 milhões, usavam a conta de Scarano não para obras de beneficência, como tentaram justificar, mas para lavar dinheiro fruto de evasão fiscal. Segundo o noticiário, quando chegava alguma bonificação suspeita, Nunzio dizia ao funcionário do IOR encarregado que o dinheiro "vinha de um primo meu dos Estados Unidos". E isso já bastava para tranquilizar o bancário e passar por cima de qualquer controle.

Os analistas de finanças, com efeito, descobriram não só a tentativa (fracassada) do padre de fazer entrar de novo da Suíça 20 milhões de euros de propriedade dos empreendedores, mas também a lavagem de 588 mil euros que o sacerdote retirou em dinheiro da conta habitual e que usou para saldar um empréstimo hipotecário que uma empresa sua havia contraído dois anos antes com a Unicredit. Um empréstimo, obviamente, feito para adquirir outros espaços e aumentar seu patrimônio.

Scarano, segundo a acusação, para lavar a sua pilhagem pediu ajuda a umas cinquenta pessoas, entre amigos e conhecidos, incluindo baronesas, empreendedores imobiliários, parentes e comerciantes de congelados, todos eles hoje investigados por cumplicidade em lavagem de dinheiro. Em troca de 10 mil euros em dinheiro vivo, adiantado, cada um entregou a Nunzio um cheque de 10 mil euros, e recebeu um certificado de doação. Uma espécie de transferência: as falsas "doações" vieram de fato para o IOR, para a conta administrada por Nunzio e intitulada "Fundo Idosos". Também as compras das casas foram consideradas pela acusação como uma operação para lavagem de dinheiro sujo. Agora dom 500 Euros perdeu tudo. Sua triunfal escalada social terminou, e hoje, aos 61 anos, vê-se de novo na base da pirâmide. Os velhos amigos de Salerno fingem não conhecê-lo ("Rompi com ele em

2004, fingia ser meu sobrinho", disse o arcebispo Moretti), as contas no IOR (onde Nunzio conhecia bem tanto o diretor Cipriani como seu vice Tulli) foram bloqueadas, e a Apsa o suspendeu do cargo. Os nobres romanos e os poderosos que o ajudaram e o adularam agora viram-lhe as costas. "Nunca lavei dinheiro sujo, nunca roubei, procurei ajudar quem precisava de ajuda", explicou ao papa em uma carta escrita na prisão, na qual contava que suas economias no IOR destinavam-se a "construir um centro para doentes terminais".

Bergoglio não acredita nele e – pelo que se sabe – nunca respondeu essa carta. Enquanto isso, os juízes da Segunda Seção penal do tribunal, em abril de 2015, revogaram a prisão domiciliar, acolhendo a solicitação entregue pela defesa. A única obrigação que monsenhor Scarano terá que respeitar, em atenção às determinações do processo, será a de morar na sua Salerno.

O lado escuro do herói

Se Scarano é o emblema midiático do sacerdote corrupto, Carlo Maria Viganò é para o homem comum um super-herói. Um monsenhor sem mácula e sem medo, o capa vermelha que no verão de 2011 teve a coragem de desafiar o superpoder de Tarcisio Bertone e denunciar a corrupção alastrada entre os sagrados muros, com graves acusações expressas em duas cartas destinadas ao secretário de Estado e a Bento XVI, e tornadas públicas graças aos portadores de agouro que entregaram cópia aos jornalistas entre o fim de 2011 e o início de 2012. Insinuações detalhadas – já falamos delas no capítulo anterior

– que faziam supor maquinações contra ele, contratos inflados, faturas falsas e malversações de colegas e inimigos, que em vez de elogios e aplausos custaram a Viganò uma transferência forçada para os Estados Unidos, onde ainda hoje o monsenhor é núncio apostólico. Um cargo de prestígio em uma sede importante, mas Viganò, então secretário-geral do *Governatorato*, esperava que o seu trabalho fosse premiado com a nomeação a governador (para o lugar do cardeal Giovanni Lajolo), etapa que antecede a promoção a cardeal. Para convencer o papa a mudar de ideia e impedir a transferência que lhe havia sido comunicada por Bertone, em 7 de julho de 2011 o arcebispo pegou caneta e papel e escreveu uma carta emocionada a Bento XVI. "Beatíssimo padre, ...em outras circunstâncias tal nomeação teria sido motivo de alegria e sinal de grande estima e confiança nas minhas ações, mas, no presente contexto, será percebida por todos como uma sentença condenatória e portanto como punição... Traz-me angústia portanto o fato de, tendo que por infelicidade cuidar pessoalmente de um irmão meu sacerdote, mais idoso, gravemente afetado por um derrame que vai aos poucos debilitando seu corpo e sua mente, eu tenha que partir bem agora, quando já entrevejo poder resolver em poucos meses esse problema familiar que tanto me preocupa." O pedido não foi acolhido e algumas semanas depois Viganò foi obrigado a pegar um avião só de ida para Washington. Para substituir Lajolo, Ratzinger escolheu o monsenhor Giuseppe Bertello, confirmado como governador do Estado da Cidade do Vaticano também por Francisco.

Ora, como o hábito não faz o monge, o moralizador solitário não é exatamente aquilo que parece. "Viganò tem um lado escuro e um passado não límpido", repetem os homens mais próximos a Bergoglio, que o desaconselham a chamá-lo de volta para os sagrados palácios romanos. São muitas, explicam ao papa, as incongruências nas suas velhas denúncias, arquivadas por uma comissão especial como falsas ou indemonstráveis. Inquietante, principalmente, é o clamoroso desmentido do irmão de Viganò, Lorenzo, o jesuíta incapacitado de quem o cardeal dizia ter de cuidar. "Meu irmão escreveu uma inverdade ao papa", explicou o ancião biblista em uma entrevista ao *Corriere della Sera,* em março de 2013, na qual enfatizou que residia havia décadas em Chicago e que tinha interrompido qualquer relação com o parente no distante ano de 2009. "É verdade, em 1996, sofri um derrame, mas em pouco tempo voltei a ficar independente. É um fato certo que Carlo Maria não só não cuidava de mim 'pessoalmente' como nossas relações já haviam sido interrompidas há tempos" por causa de litígios a respeito de herança e de um mar de processos penais e civis de parte a parte. "Após a morte do meu irmão Giorgio, que administrava corretamente o patrimônio dos Viganó, descobri que Carlo Maria havia cedido as propriedades comuns e deixado para mim as migalhas, o troco", observou dom Lorenzo em um segundo colóquio para o *Giornale.* "Meu irmão me subtraiu vários milhões de euros. Aproveitando um velha procuração de cartório que eu lhe havia passado, fez o que bem entendeu". Se o monsenhor denunciou a irmã predileta de Lorenzo, Rosanna, por exploração de um incapacitado (uma acusação mais tarde arquivada), Lorenzo revidou com uma denúncia por extorsão e apropriação indébita (também esta arquivada) e tentou entrar com uma causa civil junto ao tribunal de Milão, ainda em curso. "Acho gravíssimo que Carlo Maria tenha escrito inverdades ao papa, fazendo de mim um instrumento para fins pessoais: nunca estive em Roma com ele, a não ser por três meses em 1998." O núncio até agora não rebateu as reconstruções do irmão. Nem a investigação que o vaticanista Ingrao publicou no *Panorama* em março de 2014, na qual eram mostradas novas e profundas divergências entre Carlo Maria e a irmã Rosanna, sempre por questões de dinheiro.

"Mas ai de vós, ricos, porque já recebestes a vossa consolação. Ai de vós agora fartos, porque tereis fome. Ai de vós que agora rides, porque vos lamentareis e chorareis", diz Jesus no Evangelho de Lucas. O dinheiro, para os Viganò, parece ser na verdade uma maldição. Descendentes de uma riquíssima família de Varese que fazia negócios com aço, os oito irmãos decidiram entregar a administração do dinheiro *pro indiviso* primeiro a Giorgio, depois a Carlo Maria. Eram dezenas de milhões de euros. Nos primeiros anos tudo parecia correr bem, até que algumas decisões do arcebispo criaram suspeitas em alguns parentes. E tanto Lorenzo quanto Rosana voltaram-se contra o moralizador. Primeiro foi Lorenzo ("Meu irmão queria me induzir a fazer testamento em favor do meu sobrinho monsenhor Polvano. Outras vezes queria deixar tudo a cargo de uma sociedade porque, argumentava, 'se eu virar cardeal não fica bem que saibam que temos todo esse dinheiro'"), depois a irmã Rosanna que, em outubro de 2012, decidiu abrir uma querela junto aos magistrados da promotoria do cantão suíço de Grisões. A história era inacreditável. Viganò, ao longo dos anos, teria recebido da irmã cerca de 900 milhões de liras, fruto da herança paterna. Dinheiro com o qual o prelado teria comprado um apartamento na região de San Bernardino, pagando 430 mil francos suíços. O imóvel foi registrado em nome de Carlo Maria Viganò com o consentimento da irmã: já que como cidadão vaticano o monsenhor não pagaria impostos, Rosanna poderia ocultar o imóvel do fisco italiano. Mas, de repente, em 2012, Viganò sem avisar ninguém decidiu vender a casa, e ficou com todo o produto da venda. Rosanna e seu advogado Roberto Keller foram então até os magistrados e desvendaram toda a história, denunciando o arcebispo.

"Carlo Maria Viganò tornou-se, por volta de 1973, secretário da nunciatura em Bagdá", explicou em 12 de novembro de 2013 Rosanna Viganò, em depoimento. "A partir daquele momento, ele estava de posse do passaporte diplomático. Na Itália, era a época das Brigadas Vermelhas. Portanto, ele decidira transferir nossos capitais para a Suíça. Eu, na presença da minha mãe, dei a Carlo Maria meu dinheiro, que ele enfiou em uma pasta muito gasta, para depois depositar no Credit Suisse em Lugano, numa conta com a rubrica 'Omnes'. Eu lhe entreguei cerca de 500 milhões de liras. Depois lhe dei duas partes sucessivas de 200 milhões de liras cada uma. Ao todo, portanto, foram cerca de 900 milhões de liras. Carlo Maria disse que meu dinheiro ficaria depositado sob uma rubrica chamada 'Cioppì', apelido que ele dera à minha filha. Os recibos do dinheiro ficariam no banco, como acertado com os irmãos. Sei que Carlo Maria também depositou dinheiro em uma conta da UBS. É o dinheiro, ou parte do dinheiro, transferido pelos nossos irmãos do Banco Ambrosiano para a Banca del Gottardo." O advogado Keller, em 18 de outubro de 2012, explicou com abundância de detalhes o sistema empregado pelos Viganò para proteger da melhor maneira seu patrimônio: "Carlo Maria Viganò sugeria transferências de dinheiro ao exterior e mais precisamente para a Suíça. Nesse sentido ele funcionou como um 'mula', fazendo uso de seu passaporte diplomático. Foi assim que

Rosanna Viganò também lhe confiou grandes somas de dinheiro. A atividade de Carlo Maria Viganò ao transferir enormes somas de dinheiro da Itália para a Suíça era febril. Com efeito, aproveitando o correio diplomático, Carlo Maria Viganò fazia confluir grandes somas para determinadas contas cifradas dos bancos UBS e Credit Suisse de Lugano. Para Rosanna, Carlo Maria Viganò nunca forneceu indicações precisas desses depósitos 'conjuntos', nem sobre sua consistência, nem mesmo sobre sua clara subdivisão". Em um pró-memória defensivo de 31 de julho de 2013, o núncio dos Estados Unidos rejeitou as acusações, dizendo que vendeu "bens imóveis de sua exclusiva propriedade, em relação aos quais Rosanna Viganò nunca teve (e não poderia invocar) nenhum direito ou pretensão".

É um fato, porém, que em fevereiro de 2014 a discussão se encerrou com uma transação: Carlo Maria deu 180 mil francos suíços ao advogado Keller, que os destinou a uma ação beneficente para um hospital na Tanzânia, onde uma das filhas de Rosanna trabalhava como voluntária. Ela, na mesma hora, retirou a denúncia. A paixão pelas movimentações milionárias, a cargo de um dos monsenhores mais ricos do Vaticano, esteve no centro também de um dos últimos escândalos que envolveram o IOR: em 2010, após uma sinalização da UIF, a Unidade de Informação Financeira da Banca d'Italia, a promotoria de Roma sequestrou preventivamente 23 milhões de euros que a instituição vaticana havia depositado em uma conta do Credito Valtellinese, etapa anterior à destinação final do dinheiro, que deveria ir, uma parte, para uma filial alemã do J.P. Morgan em Frankfurt e, a outra, menor, para a Banca del Fucino. O Bankitalia acendera um holofote sobre as operações, pois elas pareciam não respeitar o decreto legislativo de 2007, que impõe obrigações de transparência e verificação adequada de quem são as pessoas que fazem as transações e transferências de crédito. A investigação causou escândalo, porque os promotores investigaram, por suposta violação das normas antilavagem de dinheiro, o então presidente do IOR, Gotti Tedeschi (exonerado no início de 2014), e os diretores Paolo Cipriani e Massimo Tulli, cujo processo em primeira instância ainda não havia sido concluído quando este livro entrou em gráfica.

Em novembro de 2014, os 23 milhões foram bloqueados e devolvidos ao Vaticano. Não foi somente graças à introdução pela Santa Sé, como reivindicou o novo presidente do IOR, De Franssu, de "um sólido sistema de prevenção e combate à lavagem de dinheiro, reconhecido pelo Comitê Moneyval do Conselho Europeu", mas também porque o IOR deu a conhecer os clientes que eram titulares daquela conta: o dinheiro devolvido não se destinou apenas à Conferência Epicospal Italiana, mas também – num valor de cerca de 3,8 milhões de euros – ao monsenhor Viganò. Contatado enquanto cuidava da organização da visita de Francisco a Washington, ocorrida em fins de setembro de 2015, o monsenhor – cuja aposentadoria está prevista para o início de 2016 – explicou que nunca quis rebater as acusações e que nunca quis falar com os jornalistas. "Dessa vez, no entanto, quero responder ponto por ponto."

A versão de Viganò

Em primeiro lugar, o padre citou as brigas milionárias com o irmão. "Durante a vida toda com meu irmão tivemos tudo em comum, desde a vocação sacerdotal aos bens materiais. Infelizmente, em 1996 ele sofreu um grave derrame cerebral que o deixou afetado de modo permanente por uma hemiparesia, também em sua emotividade e na percepção psicológica das relações com os familiares e amigos. Felizmente, foi aos poucos retomando a coragem e quis retornar a Chicago naquelas condições." Em sessenta anos, explicou, nunca houve um problema entre os dois. Até o final de 2008, "quando de repente venho a saber que Lorenzo, com a ajuda de Rosanna, fugiu aterrorizado de casa e voltou para Chicago; um gesto que depois ele justificou com uma acusação surpreendente: gritou diante de um juiz que tinha medo de ser 'acorrentado', afirmando que eu o queria sequestrar. Minha irmã, que sempre foi muito próxima dele, tem sustentado esta tese maluca para muitas outras pessoas. Isso aconteceu cerca de um ano e meio depois da entrada na família da minha irmã Rosanna de um jovem advogado, que depois se casou com a última de suas filhas".

Segundo Viganò, o conflito familiar se aguçou por causa do advogado, que "fez com que Lorenzo lhe concedesse uma procuração geral, com a qual tomou posse da gestão da parte dos bens do meu irmão, ao mesmo tempo que entrava com uma ação de separação dos bens. Na verdade, desde aquele final de 2008 Lorenzo foi mantido completamente isolado, eu não pude mais falar com ele, nem ele respondeu às minhas cartas e telefonemas. Esses fatos inacreditáveis falam por si, e qualquer um pode tirar suas conclusões".

Viganò sustentou, na prática, que fora obrigado a tentar uma ação "defensiva", aquela sobre exploração de um incapacitado, mesmo porque, disse, haviam desaparecido de seu apartamento documentos que comprovavam as despesas de Lorenzo. "É verdade, o processo foi arquivado por um erro de forma de quem o apresentou. Mas as investigações dos *carabinieri* demonstraram que das contas então não divididas, minhas e do meu irmão, eu fui subtraído em cerca de 1 milhão de euros. Dinheiro que Lorenzo, naquelas condições psíquicas às quais me referi, deu à minha irmã. Com esse dinheiro foi comprada uma farmácia para a filha de Rosanna, que se casou com aquele jovem advogado, por sua vez filho do titular do escritório de advocacia que está em cima de mim há anos. Como podem ver, há interesses particulares enormes em jogo, e não entendo porque a Justiça italiana não quer ver a evidência. A respeito de mim e de minhas relações com meus irmãos, Lorenzo e Rosanna, foram publicadas durante esses anos muitas notícias, fruto de ataques tendenciosos, que preferi sempre não comentar, porque apesar de tudo sinto por eles grande afeto e considero que apenas em parte são responsáveis por suas ações e declarações."

Embora tenha pago à irmã para encerrar a disputa, Viganò se disse inocente também sobre o episódio da casa na Suíça, que ele definiu como "absurdo". Explicou que ele e Lorenzo eram proprietários de um apartamento cada um em San Bernardino, e que "o meu, deixei durante anos para uso da minha irmã. Aquela casa era só minha, eram dela apenas os móveis, pelos quais foi amplamente ressarcida. Aceitei a transação, primeiro para pacificar pelo menos um fronte, e depois porque o dinheiro da transação era destinado a um hospital da Tanzânia que eu já visitara, onde trabalha como missionária leiga uma sobrinha minha. Infelizmente minha irmã não cumpriu a palavra dada diante do juiz suíço e, após a transação ter sido feita, boa parte da imprensa continuou a me caluniar. Eu, monsenhor e 'mula'? Naquele tempo eu estava no Iraque! Imagine se teria tempo e condições de fazer essas operações na Suíça.

São acusações gratuitas e infames, construídas para denegrir minha pessoa".

Por fim, quanto aos 3,8 milhões na sua conta, transferidos da Credito Valtellinese para o IOR, ele sustentou que foram para a beneficência. Ao telefone, o monsenhor disse que os transferiu para a construção de um mosteiro em Burundi, sem especificar a cifra doada. No entanto, alguns dias depois, especificou em outro e-mail que com as suas regalias teriam sido realizadas muitas outras obras. "Meu irmão Lorenzo e eu queríamos que os bens que tínhamos em comum fossem destinados a obras de religião e caridade. De fato, foi o que ocorreu. É por isso que a soma foi transferida para o IOR. Aquele dinheiro serviu para a construção de um mosteiro no Burundi para as irmãs carmelitas, na cidade de Gitega; para o seminário Saint Charles Borromeo na diocese de Kafanchannel Norte, na Nigéria, para um noviciado no Vietnã das Travailleuses Missionnaires de l'Immaculée. Para cada uma dessas obras, pode perguntar aos responsáveis se é verdade ou não que fiz beneficência."

Embora, com efeito, um sacerdote confirme que Viganò gastou para a edificiação em Burundi "seguramente mais de 1 milhão de euros", o monsenhor não fala de cifras e transferências de crédito específicas, e nem todos estão convencidos de que nas suas contas do IOR não haja mais dinheiro da família guardado. De fato, os advogados de Lorenzo pediram à Promotoria de Roma toda a papelada da investigação sobre os 23 milhões, que haviam há pouco sido liberados, para entender se a herança do biblista ficou escondida em Oltretevere ou não.

5

Sua Sanidade

> Não é possível que um monge, se, ao ceder ao desejo
> de ter um pouco de dinheiro, acolhe uma vez na
> na alma aquele primeiro germe, não se sinta depois
> tomado pela chama de um desejo ainda maior.
> SÃO JOÃO CASSIANO, *Institutiones Coenobiticae*

As finanças vaticanas funcionam exatamente como um *merchant bank* e fazem negócios – desde sempre – diversificando seus interesses. Os principais *core business* são imóveis e investimentos financeiros em circulação pelo mundo, mas foi concedida também uma posição dominante ao setor da saúde – há décadas, uma das atividades mais rentáveis da Santa Sé. Sem contar as dezenas de casas de convalescença e clínicas de congregações e dioceses, o palácio apostólico hoje controla direta ou indiretamente quatro grandes hospitais, três em Roma e um na Puglia: o Bambin Gesù, o Istituto Dermopatico dell'Immacolata (IDI), o Gemelli e a Casa Sollievo della Sofferenza, em San Giovanni Rotondo.

Até agora, não havia conhecimento das riquezas e do patrimônio dessas quatro instituições. E, com exceção do IDI, as estruturas vaticanas tampouco haviam sido incluídas nos escândalos que minaram seu bom nome. Na época do papa Bento XVI, os hospitais de Deus saltaram para a primeira página por serem protagonistas do sonho do cardeal Tarcisio Bertone, que queria implantar, segundo seu amigo e administrador Giuseppe Profiti, um único polo sanitário vaticano. Essa hipótese nasceu simultaneamente à falência da fundação Monte Tabor, que controlava o San Raffaele de Milão, o grande hospital lombardo fundado por dom Luigi Verzé em 1958 e que sessenta anos depois viu-se à beira da ruína por causa de operações fraudulentas com contratos e despesas insanas efetuadas por dom Verzé e seus estreitos colaboradores entre 2005 e 2011.

Segundo o que se sabe dos processos (alguns ainda em curso), o padre e alguns administradores de sua confiança teriam roubado e dissipado uns 50 milhões em caixa dois, jatos particulares (o fundador do San Raffaele não gostava de perder tempo no *check-in* como os mortais comuns), investimentos imobiliários malucos, fazendas no Brasil, mansões com piscina e despesas de administração insensatas, entre elas a que pagou o enorme aviário cheio de papagaios que enfeitava os escritórios de dom Verzé, o padre amigo de Silvio Berlusconi que adorava vestir ternos *grisaille,* morto no último dia de 2011.

Antes que o hospital fosse comprado pelo grupo San Donato, do empreendedor Giuseppe Rotelli, por 405 milhões de euros, o Vaticano também havia tentado entrar com tudo nessa manobra. O resgate seria o primeiro passo de uma empreitada mais arrojada, que compreenderia a criação do enorme polo sanitário católico. A operação, apelidada de Bertone-Profiti, fracassou no final, mesmo porque foi considerada impraticável do ponto de vista financeiro pelo então presidente do IOR, Gotti Tedeschi.

Mas as guerras para pôr as mãos nos hospitais do papa (também o Gemelli, de propriedade de uma fundação de Milão, tem vínculos estatutários muito estreitos com a Cúria Romana) nunca viram um verdadeiro armistício, nem mesmo com a chegada de Francisco: os interesses econômicos são enormes, os negócios em jogo são consideráveis, e os escândalos a relatar, graças às revelações dos auditores enviados pelo Vaticano ao Bambin Gesù e à Casa Sollievo della Sofferenza inaugurada pelo Padre Pio, são verdadeiramente explosivos.

Reforma da casa de Bertone

A começar pelo Bambin Gesù. Ou melhor, por uma fundação subsidiária, criada em 2008 para coletar dinheiro para os pequenos pacientes. Os investigadores da empresa de auditoria PricewaterhouseCoopers (PwC), no esboço do relatório entregue ao Vaticano em 21 de março de 2014, dedicaram a essa organização italiana sem fins lucrativos com sede no Vaticano algumas passagens da sua *due diligence*, indicando com o "sinal vermelho" a necessidade de intervenções imediatas diante de estranhezas contábeis e administrativas. E também de despesas no mínimo peculiares.

No foco, ficaram evidentes, por exemplo, as remunerações (no total 145 mil euros ao ano) do secretário-geral e do gerente financeiro, na época respectivamente Marco Simeon, homem muito próximo de

Bertone e ex-chefe das relações institucionais da RAI, e Massimo Spina. E sobretudo o aluguel de um helicóptero, em fevereiro de 2012, por nada menos do que 23.800 euros, pagos em *cash* pela fundação Bambin Gesù "a uma empresa de voos *charter* para transportar monsenhor Bertone do Vaticano até Basilicata para uma atividade de marketing realizada em favor do hospital". Na realidade, em 24 de fevereiro de 2012 era inaugurada no sul uma seção pediátrica do Bambin Gesù, no interior do hospital público San Carlo di Potenza: em vez de poupar dinheiro destinado à pesquisa médica e às crianças doentes que viajam de carro (o Vaticano tem muitos, como já vimos) ou de trem, Profiti decide fazer o cardeal voar por um custo altíssimo. "Estruturas como essa são importantes, porque limitam o sofrimento dos menores e dos pais que têm de se deslocar de todos os pontos da Itália", explicou naquele dia a eminência à multidão que o aplaudia, antes de subir de novo no helicóptero e voltar ao Vaticano.

Mas havia outra despesa da fundação não publicada no relatório da PwC que corria o risco de criar incômodo para o papa e para o Vaticano. Era a que dizia respeito ao pagamento dos trabalhos de reforma da nova casa de Bertone no palácio San Carlo. É isso mesmo. A fundação, definida pela PwC como "um veículo para a coleta de fundos voltados a sustentar a assistência, a pesquisa e as atividades humanitárias do Bambin Gesù" pagou as faturas dos trabalhos, num total de aproximadamente 200 mil euros, à empresa Castelli Real Estate, do empreendedor Gianantonio Bandera. Um amigo pessoal do cardeal e também ex-membro do Magistrato di Misericordia, uma obra assistencial fundada no século XV que administra legados imobiliários e é presidida por estatuto pelo arcebispo de Gênova, cargo que foi ocupado pelo próprio Bertone de 2002 a 2006.

Mas será mesmo possível que o dinheiro da fundação Bambin Gesù tenha sido usado para reformar o novo apartamento do cardeal? O ex-secretário de Estado não desmentiu nem confirmou. "Gentil doutor Fittipaldi, à sua pergunta", detalhou Bertone por e-mail, "respondo que, prescindindo do fato que o apartamento onde resido é de propriedade do *Governatorato* do Estado da Cidade do Vaticano, o subscrito pagou ao mesmo *Governatorato* a soma exigida, como minha contribuição aos trabalhos de reforma. Não tenho nada a ver com outros eventos."

Profiti, até 2015 presidente tanto do Bambin Gesù quanto do conselho diretor da fundação homônima (composto à época também pelo banqueiro Cesare Geronzi, pelo *gentiluomo* de Sua Santidade Emilio Acerna e pelo cavalheiro Piero Melazzini), ao contrário confirmou a despesa autorizada em favor do apartamento de Bertone, que por sua vasta metragem já fazia parte da tempestade armada. O pagamento, explicou Profiti, estaria justificado pelo fato de que a casa do cardeal seria mais tarde colocada à disposição da própria fundação, para organizar eventuais encontros com empresas e outros sujeitos, a fim de recolher doações para o hospital. "A ideia de fundo era promover encontros com empresas e personalidades, digamos, institucionais, às quais seriam apresentadas as atividades do Bambin Gesù e feitas comunicações, a fim de promover o levantamento de fundos. De fato, com o dinheiro que disponibilizamos foi feita a reforma de uma parte da casa do cardeal Bertone, com o fim de obter, em troca, a condição de poder colocar o apartamento à disposição." Uma escolha, do conselho da fundação, no mínimo discutível. Profiti admitiu ter recebido as faturas da empresa de Bandera, e acrescentou também lembrar da existência de "uma carta por meio da qual a própria empresa se comprometia a fazer uma doação ao Bambin Gesù de uma importância correspondente. Acho que existe esta carta. O que aconteceu depois eu não sei, porque em seguida fui embora..."

Independentemente da existência (ou não) da carta de intenções, à pergunta em si, ou seja, se o cardeal Bertone sabia ou não que era fundação Bambin Gesù que lhe pagava parte da reforma da sua casa, Profiti respondeu assim: "Confesso que isso eu não lembro, se lhe foi comunicado ou não. Acho que perguntei ao cardeal se havia essa disponibilidade de promover encontros institucionais, inclusive culturais, vamos dizer. E se havia essa disponibilidade da parte dele, se ele poderia contribuir... Acho que ele disse que sim".

Voltemos às despesas apontadas pela PwC. Além dos ganhos salariais e do frete de helicópteros, os auditores evidenciaram também os "custos dos serviços de 2011 relativos a um evento, um concerto de música, que é realizado a cada dois anos, *La luce dei bambini*", criado em 2009 com o propósito de levantar recursos para o hospital. Em 2011, na Sala Paolo VI, houve a apresentação de Giovanni Allevi e, em 2013, o Vaticano foi animado pela voz de Andrea Bocelli. "Sugerimos introduzir um modelo organizacional que defina as normas quanto ao montante de fundos a serem mantidos na fundação Bambin Gesù (inclusive seu perfil de risco) e o tipo de despesa a ser arcado pela fundação, e que contemple além disso uma separação das funções no processo de autorização e controles internos adequados", comentaram ao final dos trabalhos os auditores. Eles apontaram ainda a ausência de um documento formal do Regulamento organizacional, que, segundo o estatuto, deveria "governar" o funcionamento da entidade. E é destacado ainda que aquele ano foi pródigo em doações: no decorrer de 2012, graças a doações de empresas e particulares (a Telecom Italia doou 250 mil euros, a Unicredit 50 mil euros, a Green

Network 129 mil, a fundação vaticana Spes Viva 145 mil, enquanto por SMS foram arrecadados 173 mil euros), as contribuições alcançaram 1,5 milhão de euros, recolhidos sempre por meio de contas correntes ou de outro tipo no IOR.

"As doações recebidas pela fundação são dedutíveis da renda tributável", lê-se ainda no relatório. "A liquidez da fundação, 5,3 milhões em 31 de dezembro de 2012, é investida em instrumentos financeiros por meio das atividades de gestão patrimonial do IOR (foram investidos 2,2 milhões nesses instrumentos) e em depósitos a prazo fixo da Apsa (2,7 milhões)." No entanto, outro documento da Cosea, que resumiu os resultados do trabalho de investigação da PwC, colocou a lápide tumular sobre a gestão do organismo nascido por vontade de Profiti: "À luz da visibilidade pública da fundação e das suas atividades de *fund raising*, a atual estrutura de governança deve ser revista e adaptada a um modelo organizacional que defina claramente a separação dos deveres e as hierarquias de aprovação. Essa grave fragilidade no controle interno é muito provavelmente a razão pela qual foram registradas despesas não documentadas (as informações relativas a essas transações foram enviadas à AIF) e somas significativas foram gastas com atividades que não eram do Bambin Gesù". Até o momento, porém, não sabemos se a AIF tomou providências ou se considerou cada uma dessas saídas – a do helicóptero incluída – justificáveis.

Exxon, Dubai e muitas consultorias

Além daquele sinal vermelho sobre a gestão da fundação, houve dezenas de alertas lançados pelos auditores a respeito do hospital fundado em 1924 no monte Janículo, desde então considerado uma estrutura vaticana extraterritorial. Esse *status* permite à Santa Sé não pagar impostos, embora seus proventos derivem quase exclusivamente do Serviço Nacional de Saúde e de algumas leis *ad hoc* que a gratificam com dezenas de milhões por ano. Sempre dinheiro público, naturalmente. E isso não é tudo: os revisores apontaram o dedo para algumas atividades comerciais que seriam "incoerentes" com a missão original do hospital, descreveram os enormes recursos financeiros acumulados em algumas contas do Bambin Gesù abertas no IOR e na Apsa, destacaram o excessivo montante (centenas de milhares de euros) de consultorias para projetos jamais realizados, e acenderam faróis até mesmo nas doações (além da fundação, o hospital também recebe carradas de doações – foram 3,6 milhões apenas em 2012). Essas contribuições chegaram em 2011, 2012 e 2013 de bancos estrangeiros, e as movimentações não foram depois enviadas à AIF para posterior controle.

Causaram impacto, ainda, os investimentos em ações. É realmente surpreendente: se o papa Francisco se lança com frequência e com vontade contra "o capitalismo selvagem que tem ensinado a lógica do lucro a qualquer custo, do dar para receber, da exploração sem atenção às pessoas", o Bambin Gesù tem investido também em ações da Exxon, a multinacional do petróleo obrigada nos últimos anos a pagar milhões de dólares de multas por fraudes financeiras e desastres ecológicos, como o do navio Exxon Valdez no Alasca, e em títulos da Dow Chemical, colosso norte-americano do setor químico que sofreu diversas investigações por fatos graves. Empresas com ética social aparentemente muito distante da que é propugnada pela Santa Sé. Segundo a imprensa, o hospital vaticano comprou também títulos da Baxter, da Pepsi e da 3M.

O negócio do hospital pediátrico, excelência absoluta no cenário nacional, é enorme: a arrecadação chega a 270 milhões de euros ao ano, dos quais 184 milhões vêm da região do Lácio e do Serviço Nacional de Saúde, e outros 80 de uma norma inserida na lei de Estabilidade de 2005 que prevê a concessão ao hospital de 50 milhões de euros por ano, aos quais foram acrescentados 30 milhões suplementares em 2012, cerca de 12,5 em 2013, que viraram 30 em 2014. O Estado, por fim, transferiu outros 6 milhões anuais destinados à pesquisa. Nem todo esse bolo de dinheiro dos contribuintes, porém, parece ter sido gasto em atividades de gestão do hospital vaticano: entre dinheiro vivo, ações e títulos de Estado o Bambin Gesù controla hoje na realidade um patrimônio financeiro de cerca de 427 milhões de euros, dado atualizado em fins de 2013. Uma montanha de dinheiro, quase duplicada em pouco mais de uma década: em 2001, o hospital administrava uma riqueza de "apenas" 253 milhões. O tesouro é gerido pelo IOR e pela Apsa, e investido, como temos visto, em ações, obrigações, e também em títulos de Estado da República Italiana.

Os próprios auditores da PricewaterhouseCoopers se disseram muitos preocupados com a distância entre a missão original do Bambin Gesù, criado para curar as crianças pobres de Roma e província, e o atual império, que possui cinco sedes no Lácio e mantém colaborações com outras clínicas em toda a Itália, atividades internacionais em dezessete países, e controla as finanças de duas empresas comerciais. São elas a Clinical & Research Services SRL e a Xellbiogene SRL, esta última uma empresa de biotecnologia gerida em parceria com a Universidade Católica e especializada na pesquisa genética, com a qual se esperava faturar 9,5 milhões ao ano até 2020. Só que a Xellbiogene, criada em 2013, foi posta em liquidação em abril de 2015 pelos novos dirigentes que assumiram o lugar de Profiti.

As empresas comerciais podem criar problemas em relação à missão e ao *status* do hospital: embora opere de fato na Itália e seja financiado pelo contribuinte italiano, o Bambin Gesù não paga impostos, não paga o IMU, e seus funcionários são isentos do imposto de renda. Privilégios justificados, segundo o Estado católico, pelos artigos 16 e 17 dos Acordos de Latrão. Ou seja, na prática, a extraterritorialidade do hospital permite não pagar nenhum tributo. Uma posição criticada pelos próprios auditores da multinacional norte-americana e resumida do seguinte modo pelos comissários da Cosea em um parágrafo de nota confidencial intitulada *Interpretação muito ampla dos benefícios dos Tratados Lateranenses*: "A gestão do hospital Bambin Gesù sustenta que, levando em conta sua condição extraterritorial, qualquer atividade desenvolvida pelo hospital e por seus funcionários, independentemente da sua natureza ou do local, desfruta dos benefícios dos Tratados Lateranenses e consequentemente não é sujeita ao sistema tributário italiano", comentou a respectiva comissão pontifícia. "Todavia, para compreender os riscos de reputação que poderiam derivar dessa interpretação do tratado, é necessária uma análise mais aprofundada da posição fiscal, que inclua o IVA e o imposto sobre imóveis, com relação às atividades comerciais cada vez mais diversificadas desenvolvidas pelo Bambin Gesù e por seus funcionários fora do território vaticano."

Os auditores norte-americanos sugeriram atualizar o estatuto de 1924 com urgência e definir claramente "os papéis, as responsabilidades e os poderes do conselho de administração e do presidente (que tem pleno controle sobre as operações ordinárias e extraordinárias; todas as iniciativas por ele propostas são aprovadas independentemente daquilo que pensam os demais membros do conselho diretor), com uma nítida separação dos deveres e limites de autorização". Talvez os inspetores atacassem esses pontos a fim de que no futuro se pudessem evitar desperdícios e analisar adequadamente projetos "como aquele da Sardenha e outro no Brasil", outros dois casos examinados com riqueza de detalhes pelos norte-americanos.

O primeiro projeto colocado sob a lente dos especialistas contábeis da PwC diz respeito à hipótese de aquisição do hospital San Raffaele, na ilha de Olbia, que já foi uma extensão do império de dom Verzé. Profiti tentou desembarcar na ilha por meio de um acordo comercial entre o Bambin Gesù, que teria 25% da sociedade formada para resgatar a clínica da Sardenha, o grupo Malacalza (25%) e a Qatar Foundation, que deveria entrar com 50%. O negócio, da maneira como foi delineado inicialmente, nunca chegou a se concretizar, e o hospital do Janículo saiu de cena, substituído como veremos por outro hospital perto do Vaticano. Mas não sem antes terem sido torrados centenas de milhares de euros em consultorias: "O Bambin Gesù fez um acordo com duas empresas de consultoria (o TMF Group e o escritório de advocacia Norton Rose) para ser assistido na transação, pagando honorários de 725 mil euros", é o que se lê na *due diligence*. Soma à qual é preciso acrescentar os 89 mil euros indicados no contrato com a Bain & Co. para a realização de um *business plan* e os 130 mil euros pagos à empresa de consultoria EAM Advisory, com sede em Dubai. "A administração [isto é, Profiti e seu homens] informou que em 2013 os custos totais pagos pelo hospital por esse projeto chegam a 641 mil euros, dos quais 465 mil devem ser reembolsados pelos sócios da *joint venture*", que seria escolhida alguns meses mais tarde.

1.2 Significant new projects

Contents | At a glance | **Report** | Selected information | Glossary | Appendices

Sardinia project – There is a new project in Sardinia with a feasibility study submitted to the State Secretariat for approval

Focus – *Even in the lack of the clarity of the governance, the Sardinia project may qualify as an extraordinary administrative act that require approval from the BoD. In late 2012 OPBG entered into agreements to support the feasibility study (actual fees amounting to €0.6m). In May 2013 this project has been presented for the first time to the BoD creating significant discrepancies*

	Project Sardinia
Structure	• **Hospital San Raffaele Olbia (Sardinia – Italy).** • Regional centre of excellence for post-acute patient assistance • 263 beds (of which 116 post acute and 18 under payment) and 5 operating theatres • Hospital is inactive
Subject	• Completion of the construction and management of the hospital
Proposed structure	**2 Legal Entities:** • **PropCo (real estate/property company):** Qatar Foundation Endowement (Leader) + Malacalza Group (leader) + OPBG • **OpCo (hospital operating company):** OPBG (Leader) + Qatar Foundation Endowement + Malacalza Group + other clinic partners (Gemelli, Tor Vergata, Besta, IEO)
Proposed model	• **PropCo**: a real estate and financial role for the acquisition and realization of the structure and technological equipment • **OpCo**: management of the hospital (leadership OPBG) together with other clinic partners
External costs for the project	• On November 2012 OPBG entered into an agreement with two consultancy firms (TMF Group and Norton Rose legal firm) (defined as the "**Agreement**") to be assisted in the transaction process from signing a Memorandum of understanding ("MoU") up to the implement the proposed structure for a total fees of €725k. • On 19 December 2012 OPBG signed the MoU which highlights that the costs of expenses of the project, regardless of whether it completes, will be born by each parties proportionately, on the basis of the respective participation in the JV. The MoU states also that OPBG has already incurred fees for €83k from Bain&Co in respect to a draft business plan. • Management informed us that in FY13 costs for a total amount of €641k have been incurred (and paid) by OPBG for this project, of which €465k to be reimbursed by the JV partners as per the MoU terms. On the basis of the Agreement, the total costs to be sustained for the structuring of the financing with EAM Advisory FZG, a Dubai advisory firm, would range between €150k and €250k.

External costs - Pj Sardinia FY13		
€ in thousands	Invoice	OPBG portion
TMF/Norton Rose	461	130
Bain & Co.	49	12
EAM Advisory	130	33
Total	641	175

Source: Management information

Source: Brochure " Progetto BAMBINO GESÙ SARDEGNA", Memorandum of Understanding and letter of engagement between OPBG and Norton Rose Studio Legale and TMF Group dated November 2012

Ospedale Pediatrico Bambino Gesù
PwC

Strictly private and confidential
Draft

21 March 2014
34

Despesas com consultoria pagas pelo Bambin Gesù para a aquisição do hospital de San Raffaele, na ilha Olbia, projeto nunca realizado. Segundo o documento, em novembro de 2012, a instituição firmou contrato com a consultoria TMF Group e o escritório de advocacia Norton Rose para ser assistida no processo, ao custo de 725 mil euros. "A administração informou que em 2013 os custos totais pagos pelo hospital por esse projeto chegam a 641 mil euros, dos quais 465 mil devem ser reembolsados pelos sócios da *joint venture*", informa o texto.

Enquanto a aventura na Costa Esmeralda tomaria outro caminho, a ideia de um hospital a ser construído no Rio de Janeiro com a fundação brasileira Pró-Criança foi descartada ainda em sua gestação graças ao ceticismo de alguns membros do conselho de administração da instituição, não dispostos a reservar 5 milhões para um negócio do outro lado do Atlântico. Nesse caso, não foram feitas despesas. Profiti que, em março de 2014, foi confirmado no cargo de presidente apesar das relações estreitíssimas com a velha guarda bertoniana, poderia ter ficado até 2016, mas preferiu deixar a carta de demissão nas mãos do secretário de Estado Parolin, em 13 de janeiro de 2015. Foi substituído por uma mulher, Mariella Enoc, vice-presidente da fundação Cariplo e muito próxima do banqueiro das "finanças brancas" Giuseppe Guzzetti. "Nossa atribuição", explicou ela ao *Avvenire* após a nomeação, "é cuidar da melhor forma possível das crianças, termos atenção para com as pessoas que trabalham, garantir uma total transparência, de modo que o hospital seja verdadeiramente como uma casa de vidro, onde todos possam ver e avaliar o que é feito dentro dele." Até o momento, ela anunciou que é preciso concentrar-se na missão original, a de curar as crianças pobres, e que pretende mudar o estatuto da fundação e livrá-la dos escândalos. Os relatórios da PwC, no entanto, talvez fossem embaraçosos demais para se tornarem públicos: como aconteceu com o IOR, as novas pessoas de Francisco preferem lavar a roupa suja longe de olhares indiscretos.

Os milagres do Pai Misericordioso

O Vaticano enviou os inspetores não só ao Janículo, mas também a San Giovanni Rotondo. É onde está um dos maiores hospitais da

Itália, a Casa Sollievo della Sofferenza, fundado pelo Padre Pio e que se tornou um colosso da saúde da região da Puglia. Um polo de excelência (ultimamente foi inaugurado também um centro futurista de pesquisa de células-tronco), que detém um enorme patrimônio imobiliário e financeiro. Dessa vez foi a Deloitte a responsável por investigar as contas da instituição, que ostenta números impressionantes, com 1.080 leitos, 2.400 funcionários e quarenta salas de operação. Com um faturamento de 274 milhões ao ano (provenientes, a maior parte, do Serviço de Saúde Nacional Italiano), o negócio da clínica desejada pelo santo com estigmas controla um império econômico milionário, cujas *business units* distribuem-se entre o hospital, uma empresa imobiliária (que tem peso de 28,1% no patrimônio) e doações: Padre Pio é um dos santos mais amados da Itália, e não há semana em que não cheguem legações testamentárias em seu favor. Só em 2012 as doações somaram um valor de 6,5 milhões de euros.

Os imóveis e palácios geridos pela Casa Sollievo della Sofferenza por meio de uma subsidiária, a Immobiliare spa, são ao todo 37, "quatorze dos quais usados pela fundação". Uma entidade se ocupa dos serviços do hospital, do escritório Offerte e Lasciti, de um jornal, uma casa de idosos e também de uma empresa agrícola em Castel del Piano, perto de Perugia, sem esquecer a residência espiritual Santa Chiara. Entre vendas de produtos e aluguéis, as entradas de 2013 superaram os 5,7 milhões de euros, mas o valor de mercado dos imóveis – segundo a Deloitte – chegava a 80 milhões. Nada mau, de fato, mesmo porque segundo a Cosea esse seria um valor subestimado, e seu patrimônio valeria não menos do que 190 milhões de euros. As coisas poderiam ser ainda melhores se o hospital conseguisse vencer o lítigio levado adiante em 2004 contra a região da Puglia.

Segundo os responsáveis pela instituição, na verdade, faltam nos cofres do hospital bem uns 148 milhões de euros de reembolsos públicos devidos, e nunca recebidos. Essa parte, porém, não foi colocada no balanço, "porque o resultado do litígio não é previsível".

Lendo a *due diligence* nota-se de repente que os semáforos com os quais são assinaladas eventuais críticas estão todos acesos no verde. O único sinal vermelho, no entanto, descreveu uma situação contábil aparentemente preocupante: "Em 2013, o IOR informou a fundação da existência de cinco contas contendo ao todo 996 mil euros e registradas em nome da própria fundação. Antes dessa comunicação, a casa não tinha conhecimento da existência desses fundos, dos quais a fonte ainda é desconhecida". Uma conta fantasma, na prática, que segundo a Deloitte precisa de "uma análise profunda" a fim de se compreender se há ou não "transações irregulares". Na realidade, após algumas semanas o mistério foi revelado, graças a uma carta enviada pelo administrador que dirige o hospital, Domenico Crupi. "É o dinheiro das doações dos fiéis do Padre Pio que tínhamos sempre ali", explicou o vice-presidente, que era um bertoniano aferrado, mas estimado também por Parolin e pelo cardeal Pell pelos seus resultados operacionais. "São somas não movimentadas, expliquei tudo à Deloitte, que as fez constar também do último balanço. Eu sou sempre favorável à máxima transparência. Alguém faz circular a falsa notícia de que estamos indo para o colapso? São boatos totalmente infundados, espalhados pelos personagens da vegetação rasteira do Vaticano, que querem denegrir a mim e à estrutura." Com efeito, o Padre Pio parece ter operado outro milagre: pelo que se lê no relatório, o império de saúde de San Giovanni Rotondo é rico e, sobretudo, sem máculas.

O Gemelli e seus fardos

O sonho de Bertone era que o hospital Gemelli de Roma também se tornasse um elemento central do polo de saúde da Santa Sé. Embora ele seja, de fato, ligado historicamente ao Vaticano, sua propriedade é da Universidade Católica de Milão, que é, por sua vez, controlada por uma entidade praticamente desconhecida do grande público, o Instituto Toniolo. Fundada em Milão em 1919, alçada a "entidade moral" por um régio decreto no ano seguinte, a organização de Milão nasceu por vontade de Giuseppe Toniolo, economista e sociólogo que no decorrer do século XIX desenvolveu estudos célebres sobre a relação entre os católicos e a democracia, além de lançar a *Rivista internazionale di scienze sociali e discipline ausiliarie*. Um futuro beato (a canonização foi em 2012), que no leito de morte pediu ao franciscano Agostino Gemelli, seu colaborador e amigo íntimo, que realizasse o sonho de sua vida: a construção da primeira universidade católica italiana. O Padre Gemelli, formado em medicina e especializado em psicologia, ardente socialista antes de optar pelo hábito em 1903, conseguiu cumprir a promessa somente dois anos depois, fundando a instituição dedicada ao amigo desaparecido e, em 1920, colocando a primeira pedra da Universidade Católica do Sagrado Coração, de Milão.

O Gemelli por sua vez foi inaugurado em 1964, em Roma, na encosta do Monte Mario, em terreno de mais de trinta hectares que o papa Pio XI presenteou em 1934 à nova instituição para a construção do primeiro hospital vaticano. Em meio século de existência, a instituição foi muito bem-sucedida, ampliada várias vezes, e tornou-se um dos melhores hospitais da Itália, célebre no mundo todo por ser o predileto de todos os pontífices, alvo de interesses econômicos e de poder e, consequentemente, de disputas pela sua gestão. Para conquistar Gemelli, porém, era preciso chegar ao topo, à caixa-forte que o controla: Toniolo, falecido há quase cem anos com um capital de 200 mil liras ("correspondentes", lemos sem ironia no novo estatuto até agora não publicado, "a 103,29 euros"), é hoje um império que vale centenas de milhões de euros em imóveis e patrimônio financeiro, e que fatura (indiretamente) mais de um bilhão de euros por ano.

Não foi por acaso que, em 2011, Tarcisio Bertone e Giuseppe Profiti tentaram o assalto à fundação. Uma manobra que os dois sabiam ser complexa, visto que Toniolo tem uma posição jurídica única, desligada da Santa Sé por ser configurada como entidade de direito privado sujeita ao Código Civil Italiano. Como foi relatado pela primeira vez por Marco Lillo no jornal *Fatto Quotidiano*, Bertone, em 11 de março daquele ano, tentou uma *Blitzkrieg* para derrubar o então presidente Dionigi Tettamanzi, arcebispo de Milão, que João Paulo II havia colocado na chefia da instituição em 2003, depois que o predecessor, o senador democrata cristão Emilio Colombo, foi pego em uma investigação sobre cocaína e prostituição (o ex-primeiro ministro e um dos pais fundadores da política italiana admitiu diante dos juízes consumir a droga por "motivos terapêuticos", e escapou sem consequências penais da investigação).

Como amplamente divulgado pela imprensa, para Bertone, o instituto era próximo demais da Igreja Italiana e de seus bispos, muito indisciplinados e rebeldes aos ditames da Santa Sé: sem a nomeação de alguém muito fiel a ele para o lugar de Tettamanzi (o desejo de Bertone era colocar no cargo o ex-presidente da Corte Constitucional, Giovanni Maria Flick), a criação de um grande polo sanitário vaticano não seria possível.

Assim, em 24 de março de 2011, o braço-direito de Joseph Ratzinger decidiu que os dados estavam lançados, que não havia mais tempo a perder, e demitiu do império o então arcebispo, mandando-lhe duas paginazinhas via fax: "Senhor Cardeal... Como sabe, segundo uma praxe que remonta às fases iniciais do Instituto, é a Secretaria de Estado que indica o nome daqueles que devem desempenhar o papel de presidente do Toniolo, a partir do momento em que o Instituto não é uma fundação privada qualquer, mas uma emanação da Igreja, como destacou em 27 de outubro de 1962 o então cardeal Giovanni Battista Montini. De fato, o empenho da Vossa Eminência a serviço do Instituto Toniolo prolongou-se bem além do tempo originariamente previsto, e isso obviamente ao preço de sacrifícios que bem podemos imaginar. Em consideração a isso, o Santo Padre me passou o encargo de agradecer a Vossa Eminência pela profusa dedicação também em tal tarefa a serviço de uma instituição tão importante para a Igreja e a sociedade italiana. Agora, tendo falecido alguns membros da comissão permanente, o Santo Padre quer proceder a uma renovação, em conexão com a qual Vossa Eminência é aliviada desse oneroso encargo".

Tettamanzi, lida a missiva, quase caiu da cadeira de estupor e raiva. Não só faltavam ainda dois anos para o fim de seu mandato como o cardeal sabia que não existia na realidade nenhum subterfúgio legal que permitisse a Bertone expulsar de repente o presidente. Assim, não abdicou, não se deixou intimidar e decidiu quatro dias depois responder à altura. Não ao secretário de Estado, mas diretamente a Bento XVI. "Sua Santidade, no último ano o Instituto Toniolo foi objeto de ataques caluniosos, inclusive da mídia, por causa de supostas e não demonstradas ineficiências administrativas e de gestão. Não existe nada disso!" advertiu, explicando os motivos pelos quais não queria deixar sua função. "A condução do Instituto Toniolo não é um encargo simples e prosseguir na atividade significaria não se render diante de uma tarefa pesada e de resistências ainda presentes; todavia, o tempo à disposição permitiria concluir a obra de saneamento e reerguimento já iniciada, da qual não faltam os primeiros frutos consistentes."

Tettamanzi jogou bem sua partida. Tinha aliados poderosos, como o reitor Lorenzo Ornaghi e, principalmente, os cardeais Camillo Ruini e Angelo Bagnasco, desde sempre convencidos de que a caixa-forte do Toniolo tinha de permanecer prerrogativa da CEI. O papa decidiu esperar um tempo, não queria que o conflito institucional se tornasse ainda mais cruento. Um mês depois, convocou ao palácio apostólico para um encontro cara a cara tanto Bertone quanto o cardeal milanês: este último tinha o controle da situação, fortalecido pela independência formal de Toniolo e pelo pacto feito com um grande adversário do Secretário de Estado, Angelo Scola, naquela época já designado como seu sucessor na diocese de Milão, que sempre teve enorme influência no Toniolo. Bertone foi obrigado a dar um passo atrás. Só um ano mais tarde, em março de 2012, Tettamanzi anunciou *urbi et orbii* os destinos da fundação. "Proponho que meu sucessor seja o arcebispo Scola", comunicou aos membros da comissão permanente. Proposta que foi aclamada. O secretário de Estado foi, então, totalmente vencido.

Mas a guerra santa não terminara. Dois meses depois, Giuseppe Profiti, o homem da saúde e fidelíssimo a Bertone, sonhou a quimera de um polo católico da saúde e enviou ao secretário de Estado um relatório de conteúdo inequívoco, atacando indiretamente Tettamanzi e relatando pela primeira vez a extensão, enorme, do rombo do

Gemelli. Uma carta que era dada ao mesmo tempo ao conhecimento do papa Ratzinger.

A área sanitária da Universidade Católica do Sagrado Coração, sobre a qual pesam os balanços do hospital, tinha uma dívida total que beira o bilhão (750 milhões com bancos e 170 com fornecedores), e o risco de quebra era iminente. Esse relatório é datado de 17 de maio de 2012. O vermelho monstruoso teria sido causado, argumentou o administrador, pela má gestão e pelo fato de que os créditos constantes do balanço, aos quais a administração do hospital sustentava ter direito em seus litígios com a região do Lácio (cerca de 820 milhões, que em tese fariam frente às dívidas), seriam em grande parte inexequíveis. Se a cifra viesse a ser registrada no balanço geral da Igreja Católica, continuou Profiti, as consequências poderiam ser desastrosas: "Impossibilidade de acesso ao financiamento bancário estruturado e exposição a possíveis instâncias de falência junto ao tribunal de Milão por parte dos credores, ou então, caso a situação da Universidade chegasse ao conhecimento do juiz, a abertura do processo falimentar *ex officio*. Parece o caso de assinalar que o tribunal de Milão desenvolveu uma postura muito agressiva". O que ficou demonstrado, de fato, no caso do San Raffaele de Milão.

Enquanto os sindicatos lembram que os problemas no Gemelli começaram em 2006, quando – não obstante novos acordos prevendo que a região saldaria apenas os serviços de assistência médica prestados – o hospital continuou a gastar e a se expandir, o pró-memória explicita que a Católica fez constar no balanço de seu hospital (que não é um documento público, mas está "compreendido" no da universidade) créditos que "mais representam pretensões de saldar os débitos efetivos dos custos anuais do Policlínico". Um desastre que, para Profiti, podia ser resolvido apenas por meio de uma "operação de racionalização dos custos e de aumento da produtividade" e por uma rápida substituição dos diretores, caracterizados por uma "absoluta falta de visão e compreensão dos sistemas de negociação em nível institucional, com consequente ineficácia, quase que total, no resultado final das negociações com o governo e com o ministério".

Em 2011, o Gemelli se tornou portanto um poço sem fundo, que perdia dezenas de milhões ao ano. Difícil dizer de quem era a culpa. É fato que o hospital pertence à Católica, cujo conselho de administração foi dirigido de 2002 a 2012 pelo ex-reitor Ornaghi, que se demitiu quando chamado pelo então primeiro-ministro Mario Monti para ser ministro da Cultura. E por certo as escolhas de Ornaghi e do ex-diretor administrativo Antonio Cicchetti, *gentiluomo* do papa, que foi a figura de referência no Gemelli até 2010, foram sempre compartilhadas por Tettamanzi e pela grande maioria do conselho do Toniolo.

No entanto, depois de derrotar os bertonianos e de assumir o comando, Scola e o sucessor de Ornaghi, Franco Anelli, mudaram de estratégia, passando a confiar totalmente no novo diretor administrativo, Marco Elefanti, convocado para tentar remendar a situação em fins de 2010. Em cinco anos, o professor que leciona na Católica e na Bocconi conseguiu fechar um pacto com a região do Lácio e com o governo italiano: em troca de abrir mão de todos os créditos pregressos, muitos dos quais o próprio Profiti considerava inexequíveis, em 2014 o hospital obteve 427 milhões, 77 da região do Lácio e 400 (divididos em onze parcelas anuais, de 2014 a 2024) do Estado, por meio da Lei de Estabilidade Financeira. "Conseguimos, desse modo, reduzir o rombo a menos da metade", argumentou Elefanti, professor de economia empresarial, "graças ao fluxo que é garantido pelo Estado durante a próxima década conseguimos reestruturar as dívidas a médio prazo com os bancos, enquanto as de vencimento curto, hoje de uma centena de milhões, são coerentes com o faturamento." Os anticlericais, ao contrário, torceram o nariz: porque na realidade a dívida de um hospital privado foi paga com o dinheiro público dos italianos, sem nem mesmo esperar que as disputas econômicas entre o Gemelli e a região do Lácio chegassem aos tribunais.

Em 2014, o faturamento do Gemelli beirava os 600 milhões de euros. Cortes nos salários dos médicos, enfermeiros, diretores e funcionários (um médico assistente no Gemelli podia ganhar muito mais do que um colega de um hospital público) e uma queda consistente dos juros financeiros sobre a dívida têm melhorado também o lucro no balanço: se em 2011 o hospital perdia mais de 60 milhões por ano, o vermelho ficou reduzido a uns 40 milhões no ano seguinte, enquanto "em 2014 fechamos com uma perda econômica de 10 milhões", admitiu Elefanti. "Em 2015 esperamos conseguir empatar."

Mas o cardeal Scola e o conselho do Toniolo sabiam que os tempos negros podiam voltar logo e decidiram, depois de meio século, separar o destino do Gemelli daquele da universidade, de modo que eventuais novas fraquezas do hospital não envolvam mais a Católica, que tem um balanço sempre no ativo. Poucos sabem, com efeito, que para cobrir ano a ano as perdas da instituição médica, a universidade foi obrigada a dilapidar um pequeno tesouro de 600 a 700 milhões de euros. Uma montanha de dinheiro que havia sido reservada por Ornaghi durante uma década com a intenção de comprar e reformar um quartel do Estado situado a poucos metros de distância do edifício do Gemelli. O dinheiro necessário a essa ampliação foi tragado pelo buraco negro do hospital, mas nas intenções do instituto e do reitor

Anelli o edifício continua sendo um objetivo fundamental para fazer crescer o hospital, hoje o principal centro de oncologia da Itália e entre os primeiros cinco de excelência no país.

O ramo empresarial do Gemelli, em agosto de 2015, foi portanto cedido pela Católica a uma nova entidade autônoma, a ser controlada metade pelo Toniolo e metade pela universidade. Enquanto escrevemos, Scola está tendo trabalho para preencher (de dinheiro) um fundo nascido *ad hoc* para permitir à entidade uma independência financeira. "Uma centena de milhões seria suficiente", admitiu Elefanti. Até agora foram conseguidos cerca de 60 milhões, mas só no papel: a metade disso deverá ser investida pela CEI dirigida pelo cardeal Angelo Bagnasco, mas as dúvidas sobre a utilização são múltiplas. A Conferência Episcopal Italiana inicialmente havia colocado a hipótese de estornar do fundo do Gemelli um pouco do dinheiro proveniente do *8 per mille*, mas segundo um membro da comissão diretora do Toniolo "a operação é arriscada, visto que a lei que instrui o *8 per mille* determina também os itens de despesa, que não preveem que a Igreja possa usar o dinheiro dos italianos para investi-lo no setor de saúde".

Até agora Scola tem procurado financiamentos em qualquer lugar: pediu aos poderosíssimos Cavaleiros de Colombo, a empreendedores italianos, cooptou no conselho também banqueiros próximos da Comunione e Liberazione[20], como o presidente do Banco Popolare Carlo Fratta Pasini. Nenhum deles soltou um euro. Nem mesmo Domenico Calcagno, o número um da Apsa, quis liberar um centavo sequer ao novo fundo do hospital vaticano. Neste caso,

20. O Comunione e Liberazione (com frequência abreviado como CL) é um movimento católico fundado pelo presbítero e teólogo Luigi Giussani. (N. T.)

contam também as relações pessoais. Scola e Calcagno não têm uma relação idílica, enquanto o papa não vê com bons olhos o arcebispo de Milão desde os tempos do conclave, quando o ex-patriarca de Veneza competiu com ele pelo trono de São Pedro.

Seja como for, Scola, enquanto procurava financiadores, também encontrou uma forma de proteger sua hegemonia no Toniolo de futuros ataques da cúria: Bertone já se aposentou, mas há muita gente na Santa Sé que gostaria de pôr as mãos no complexo de saúde – que hoje fatura entre a universidade e o hospital mais de um bilhão de euros ao ano (na Católica, que tem cerca de 40 mil estudantes, a anuidade fica em torno de 10 mil euros por aluno). O arcebispo deixou na comissão diretora fiéis adeptos de Ruini na CEI, como Dino Boffo e Lorenzo Ornaghi e, em 5 de dezembro de 2013, convocou para o *board due ciellini*[21] de primeira hora, como o banqueiro Pasini e a professora Eugenia Scabini, figura histórica da Igreja Católica e amiga pessoal do fundador do CL Luigi Giussani. Sobretudo, nomeou de modo surpreendente Gianni Letta, ex-subsecretário da presidência do Conselho, ligado a Silvio Berlusconi, *gentiluomo* de Sua Santidade, considerado por Scola fundamental tanto pelas vias de acesso à política quanto pelas relações com parte da Cúria Romana.

Em 10 de dezembro de 2012, antes mesmo de assegurar sua maioria no *board*, Scola também modificou o estatuto quase centenário do Toniolo: o novo artigo 7 define que o presidente da comissão diretora seja por definição "o arcebispo *pro-tempore* da diocese de Milão", e que um dos doze membros "seja designado pela Secretaria de Estado da Santa Sé e um pela presidência da Conferência Episcopal

21. O neologismo *ciellini* é usado para indicar os partidários do CL, o movimento político católico Comunione e Liberazione. (N. T.)

italiana", enquanto os outros "dez membros cooptados pela própria comissão entre as personalidades do mundo católico de clara fama". Desse modo, Scola fechou a porta a qualquer veleidade de conquista, tornando insuficientes eventuais assédios a seu cargo. Pelo menos até a próxima batalha.

Hospital ou caixa eletrônico?

O frade Franco Decaminada todos os anos, no dia 8 dezembro, vai à Igreja renovar os votos feitos à Nossa Senhora. É a lei da congregação à qual pertence, a dos Filhos da Imaculada Conceição, na qual é preciso prometer castidade, obediência, pobreza. Desde sempre Decaminada tem sido para seus irmãos um pai espiritual, um guia seguro a indicar a via da retidão. Não só no espírito, mas também na intrincada selva dos negócios: a congregação é na verdade uma das mais ricas da capital, e havia lhe confiado a gestão de seus bens mais preciosos. Ou seja, o hospital San Carlo di Nancy, de Roma, e o IDI, Istituto Dermopatico dell'Immacolata, um dos mais importantes centros de dermatologia da Europa.

"Castidade, obediência, pobreza", diz o regulamento dos confrades. Decaminada, no entanto, nunca conseguiu decorá-lo. Pelo menos a julgar pela sua gestão e pela sua singular relação com o caixa do hospital. Tudo começou – como consta nos documentos da investigação que a Promotoria de Roma abriu – em 2006, quando, sacando 8.900 euros, o frade decidiu começar a usar o IDI como um caixa eletrônico pessoal. Afinal, pensou ele, o hospital é da minha congregação, e um "reembolso de despesas" assim modesto, mesmo que sem notas fiscais ou justificativas, quem é que vai perceber? Nenhum de seus subalternos e confrades, com efeito, parecia ter nada a objetar. Desse modo, em 2007, o "reembolso de despesas" subiu para 11 mil euros, e no ano seguinte para 33.600 euros. Em 2009, a cifra começou a ficar de fato importante, chegando a 84.550 euros. Dom Franco nunca apresentou um comprovante sequer, nenhum recibo, nenhuma explicação para justificar o saque; Decaminada é o chefe, faz o que quer. "Reembolso de despesas!" dizia, e o cofre se abria como se fosse a porta mágica de Ali Babá. Passaram as semanas e os saques aumentaram. Desmedidamente, em 2010, o frade sacou 116 mil euros; em 2011, as "despesas relatadas" subiram para 155 mil euros. O sacerdote talvez se esquecesse até de explicar que os saques eram um reembolso pessoal, e começou a fazer retiradas sem ao menos uma explicação. Assim, ainda em 2011, enfiou no bolso um total de 987 mil euros e, em 2012, outros 746 mil euros. Em parte – como este que escreve denunciou no final de 2011 – eram despesas para a compra de uma mansão chamada Ombrellino, com dezoito aposentos de alto luxo na Toscana, em Magliano, circundados por vinte mil metros quadrados de terreno e por gramados à inglesa.

A partir de 1857, ano em que dom Luigi Maria Monti fundou a congregação, ficando famoso no início do século XX graças às pomadas milagrosas para a cura da micose dos camponeses, os frades seculares foram com os anos fazendo fortuna, chegando a controlar além dos dois grandes hospitais romanos também o centro Villa Paola na província de Viterbo, além de uma dúzia de casas de repouso e orfanatos espalhados por toda a Itália, uma empresa farmacêutica que faturava 20 milhões de euros ao ano, o centro oncológico de Nerviano, próximo a Milão, e a Elea, uma empresa fundada pela Olivetti, especializada em treinamento.

Os *concezionisti* são, portanto, uma realidade importante, principalmente, na capital, onde são reverenciados e prestigiados. Antes de mais nada, na política. Enquanto com a mão esquerda gastava à vontade, com a mão direita Decaminada falava ao telefone com deputados e altas figuras de partidos, convidando-os para eventos nos quais se discorria sobre fé, política, televisão, crise internacional e Evangelho, definidos como uma "Cernobbio[22] à beira do Tibre". Dos ex-ministros Franco Frattini e Giulio Tremonti ao diretor da Pirelli Marco Tronchetti Provera, até a atriz Vittoria Puccini (que leu para os presentes poesias de Prévert), todos compareceram a essa corte dos *concezionisti*, incluindo monsenhor Rino Fisichella e o ex-secretário do Partido Democrático, Pier Luigi Bersani.

Mas a aquisição da mansão toscana foi um passo em falso, o primeiro dado pelo irmão Decaminada. De fato, depois de um artigo no *Espresso*, alguns funcionários do hospital que não recebiam salário havia meses enfureceram-se e decidiram escrever à Promotoria de Roma. Os juízes perceberam que algo cheirava mal e logo apontaram um holofote para Decaminada e sua gestão do hospital: depois de dois anos de inquirições, a investigação *Todo Modo* trouxe à luz uma realidade que, segundo a acusação, teria provocado "desvios" de dinheiro no montante de 82 milhões de euros, uso indevido de fundos públicos de mais de 6 milhões, com malversações e predações de todo tipo, que levaram o IDI a um passivo patrimonial de 845 milhões de euros e a uma evasão fiscal de 450 milhões: hoje os investigados são quarenta, com acusações variadas de apropriação indébita, falência fraudulenta, utilização de notas falsas e ocultação de escriturações contábeis.

22. Cernobbio é uma cidade de lazer à beira do lago Como, na fronteira entre Itália e Suíça. (N. T.)

A operação ao que parece foi idealizada pelo próprio irmão Decaminada, que teria ordenhado como se faz com uma vaca não só o hospital dermatológico, verdadeira máquina de guerra que chega a faturar até 100 mil euros *cash* por dia, mas a própria congregação, da qual deveria ter sido ao contrário mentor e guia espiritual. Uma depredação organizada, que envolveu não só a livre utilização do caixa da tesouraria (segundo as análises da Guardia di Finanza, o padre apoderou-se – entre 2006 e 2012 – de mais de 2,1 milhões de euros em dinheiro vivo, e seu cúmplice Domenico Temperini pegou 350 mil), mas também um sistema de notas fiscais falsas montado em torno de profissionais e empresas de terceiros, que funcionavam como fachada e com frequência eram rastreáveis até Decaminada, além do empreendedor Temperini e outros fidelíssimos da dupla. Empresas que já teriam drenado dezenas de milhões da entidade religiosa em virtude de serviços nunca prestados, dinheiro que era depois transferido em parte a Decaminada e ao próprio Temperini. Às vezes até por meio de triangulações com o exterior: além da "Provincia Italiana" da Congregação, uma empresa gerida por Temperini, chamada Elea spa, tem recebido vagões de dinheiro – mais de 3 milhões de euros apenas em 2009 –, também da Província Indiana e da Latino-Americana, igualmente controladas pelos *concezionisti*. Assim, ao longo dos anos, pequenas empresas de amigos de amigos teriam fornecido ao IDI "atividades de análises técnicas financeiras" jamais efetuadas, "prestações de serviços por meio de atividades de mediação creditícia" totalmente inexistentes e fantasmas "competências para pesquisas de mercado". Ao examinar as transferências bancárias, descobre-se que 2,9 milhões de euros foram recebidos pela empresa Gi.Esse Info Service SRL, por um "projeto de web e pesquisa logística" que, segundo os investigadores, nunca teria sido realizado. Tangível e concreto, porém, era o dinheiro que algumas empresas do grupo teriam transferido para as contas da ex-mulher de Temperini, Emanuela Gismondi, e do próprio Decaminada. No final do festim, a quadrilha teria embolsado do caixa dos *fratelli* 14 milhões redondos.

"Não sei de nada do que vinha sendo feito, tudo aconteceu sem meu conhecimento", bradou dom Franco ao Ministério Público, alegando inocência. Sobre a mansão superluxuosa em Maremma, que custou dois milhões de euros à vista? "Foi um investimento feito com o cardeal Pio Laghi. Queríamos ficar com ela para oferecer um lugar de repouso e meditação aos confrades." Ninguém acreditou nele, e Decaminada e seus cúmplices, enquanto este livro entrava em gráfica, enfrentavam seu processo.

O shopping do cardeal

O escândalo do IDI não tocou diretamente no Vaticano. A congregação é uma entidade religiosa autônoma, e nenhum expoente da cúria (além de Laghi, que não pode replicar as palavras de dom Franco, pois morreu em 2009) foi envolvido no assalto ao hospital dermatológico. Ao contrário, paradoxalmente, a investigação que atingiu os dirigentes da congregação abriu para o Vaticano uma oportunidade inesperada. Sem Decaminada no meio, com o hospital a um passo da quebra e 1.500 funcionários em risco, os cardeais compreenderam que havia finalmente espaço para capturar uma presa que perseguiam há tempos e que Bertone, antes dos outros, havia colocado na mira já em 2010.

Antes de abdicar, Bento XVI, aconselhado por seu braço-direito, decidiu nomear o cardeal Giuseppe Versaldi delegado pontifício do instituto (é um poder que o Vaticano pode exercer sobre qualquer congregação em caso de desastre financeiro) para tentar sanear o hospital. Ao seu lado, o monsenhor chamou o costumeiro Profiti para gerir a nova administração extraordinária.

O objetivo final era evitar que outros grupos privados comprassem o hospital. "Não queremos montar um polo de saúde", declarou Versaldi à Radio Vaticana em abril de 2013. "Quem diz isso está querendo torcer a realidade. Trata-se apenas de um sinal de proximidade da Santa Sé, que não quer ocupar o lugar da Congregação dos Filhos da Imaculada Conceição, e sim apenas sinalizar seu apoio e sua ajuda." Na realidade, um ano depois, quando o IDI e o San Carlo acabaram em leilão, o único envelope que chegou à mesa dos comissários do governo italiano reunidos após a prisão de Decaminada e dos administradores envolvidos foi o de uma fundação nova em folha, encabeçada por Luigi Maria Monti. Uma entidade constituída expressamente pela congregação, e, na realidade, presidida por Versaldi em pessoa, rodeado por seis conselheiros, dos quais dois nomeados pelos *concezionisti* e quatro muito próximos da Santa Sé, entre eles os consultores de negócios Gianluca Piredda e Paolo Ceruzzi, e o novo consultor da Apsa, Franco Dalla Sega.

Se os aliados do grupo privado Sansavini assumiram o controle do San Carlo di Nancy com um investimento inicial de vinte milhões, para participar do leilão e ficar com o IDI o Vaticano colocou uma ficha de 50 milhões de euros. Não foi fácil arrumá-los, e algumas interceptações telefônicas (e dezenas de documentos internos) revelaram não só a anatomia da operação, mas também as lutas internas entre os cardeais pela gestão do negócio. Em 2013, Versaldi havia arrancado do ex-presidente do IOR Ernst von Freyberg a promessa de um empréstimo de 50 milhões, um "pagarei" que foi formalizado com um decreto oficial. Entretanto, com a chegada do papa Francisco e a renovação da governança do banco, a música mudou: o novo presidente, De Franssu, talvez aconselhado pelo cardeal Pell e por Zahra, decidiu que o dinheiro prometido pelo seu predecessor não devia mais sair do cofre do banco. Expediu até uma carta a Versaldi, na qual coloca às claras que a seu ver os 50 milhões "não seriam gastos segundo a prudência de um bom pai de família". Ao ler a carta, Versaldi quase teve um infarto. Não só pela ofensa pessoal, mas porque o IDI corria o risco de ser perdido definitivamente, em favor de algum grupo privado. Uma blasfêmia.

Foi nesse contexto que se inseriu uma interceptação telefônica de uma conversa entre Versaldi e Profiti, uma ligação de 26 de fevereiro de 2014 registrada pelos juízes de Trani que investigam o rombo de outro hospital católico, o da Casa della Divina Provvidenza, de Bisceglie. Os dois estavam empenhados em obter a qualquer custo o dinheiro que iria servir para conquistar o IDI, que os novos donos do IOR não queriam mais deixar escapar, e levantaram a hipótese de "transferir" 30 milhões que o Estado havia disponibilizado expressamente para o Bambin Gesù por meio da lei de Estabilidade. Uma operação que, no entanto, foi "ocultada" do papa.

Giuseppe Profiti: "Pronto! Como está, dom Giuseppe!"

Cardinale Versaldi: "Bem. Ouça. Seremos recebidos hoje às sete da noite pelo papa."

Profiti: "Por quem?"

Versaldi: "Pelo papa."

Profiti: "Aaah! Ah, meu Deus!"

Versaldi: "Você pode?"

Profiti: "Eu, claro! E como poderíamos faltar?"

Versaldi: "Bem. Vamos nos encontrar... certo?"

Profiti: "Hmm! O que é que eu devo..."

Versaldi: "Pois não..."

Profiti: "...dizer? Fazer? Levar?"

Versaldi: "Nada. Mas aí eu entro, como delegado. E então você diz as coisas que disse ontem à noite."

Profiti: "Ah! Mas que pedaço eu devo pular? Que estou ficando paranoico?"

Versaldi: "O que eu dizia... não? O que eu achava... o que eu acho não?"

Profiti: "Ah!"

Versaldi: "Aham... aham... você deve ficar quieto a respeito desses 30 milhões..."

Profiti: "Sim. Sim. Sim. Sobre a intervenção, sim."

Versaldi: "Foram dados para o IDI. E diga simplesmente que, como acontece todo ano, além dos 50 foram dados 30 para a Bambin Gesù, sem... hmm... hmm... sem um..."

Profiti: "Vínculo de destinação."

Versaldi: "...isso... sem uma... uma destinação, não?"

Profiti: "Entendi. Entendi."

Versaldi: "Aham... aham ..."

Profiti: "Certo. Se não, teríamos de explicar... É claro! Você já comentou que seria melhor assim."

Versaldi: "A menos que ele já esteja sabendo, por outras vias. Então, vamos dizer isso, e depois a gente vê como fica."

Quando, em junho de 2015, a interceptação foi publicada nos jornais, o Vaticano caiu dentro do olho do furacão: quase todos acham que Versaldi e Profiti haviam desviado o dinheiro público destinado ao Bambin Gesù, e que o haviam investido no resgate do IDI. Uma suspeita que surgiu espontaneamente, mesmo porque em 2014 na *Finanziaria*[23], além dos tais 50 milhões que a instituição pediátrica recebe por lei desde 2005, Profiti havia conseguido obter do Parlamento um presente suplementar, uma quantia de 30 milhões exatos. A mesma cifra da qual se falava na gravação.

No entanto, algumas semanas depois do diálogo telefônico e do encontro com Bergoglio, o delegado pontifício e seu vigário compreenderam que comprar o IDI com o dinheiro do Bambin Gesù seria uma manobra arriscada e impraticável. Então, voltaram-se para os cofres do Vaticano. Versaldi conseguiu convencer Francisco da validade do resgate, mas nem mesmo o papa conseguiu se impor de imediato: segundo De Franssu e Pell, do IOR – não obstante o velho acordo –, não deveria sair um euro sequer. "O cardeal australiano teme que a Santa Sé perca esses milhões", explicou em ata Pietro Parolin aos colegas da comissão cardinalícia da Apsa reunidos em 12 de setembro de 2014 para encontrar uma solução.

Além de Parolin, sentaram-se à mesa o novo camerlengo Jean-Louis Tauran, Calcagno, Battista Re, Versaldi, Attilio Nicora e outros membros da entidade. O pequeno grupo, com a concordância de Francisco, decidiu naquele dia forçar a mão e evitar o *diktat* de Pell: os 50 milhões não seriam colocados pelo IOR, e sim pela Apsa, uma administração

23. *Finanziaria* ou *Legge Finanziaria* é o nome pelo qual se conhece na Itália a Lei da Estabilidade, que regula a política econômica do país por um período de três anos. (N. T.)

fora da esfera de influência do *Ranger* de Sidney. Se o IDI falisse, argumentou o cardeal Agostino Vallini, "os danos de imagem, de relações políticas, diplomáticas, jurídicas, o problema dos funcionários, seriam notáveis". O vicário da diocese de Roma acrescentou ter mais de uma dúvida a respeito do fato de o empréstimo da Apsa ser garantido por outro hospital: a presença de "um terceiro sujeito como o Bambin Gesù", afirmou, "pode fazer com que uma operação que parece clara, linear e urgente seja lida como uma operação pouco clara". "É isso. Por culpa de Pell, estamos diante do enésimo *pasticcio* vaticano", comentou Nicora ao final da reunião. *Pasticcio* ou não, o grupo de eminências decidiu por fim ignorar as indicações de Pell e investir o dinheiro (garantido ao Bambin Gesù que "congelara" 50 milhões e esperava reaver 10 por ano nos próximos cinco anos), participar do leilão e comprar o IDI, a nova joia da coleção. Versaldi foi absolvido de todas as acusações pela Promotoria de Roma. E até promovido pelo papa Francisco: em março de 2015, o bertoniano deixou a presidência da Prefeitura dos Negócios Econômicos e se tornou ministro da influente Congregação para a Educação Católica, que superintende todas as universidades pontifícias, faculdades, institutos superiores, escolas e institutos de formação que dependam de uma autoridade ecliesiástica.

Todavia, o cardeal teria também tempo para se dedicar ao seu novo *hobby* na Costa Esmeralda, onde logo o IDI iria gerir, com a Qatar Foundation, um novo hospital, o Mater Olbia, que surgiria sobre a velha estrutura do San Raffaele, de dom Verzé, aquela que já estivera na mira do Bambin Gesù de Profiti. Um negócio de 140 milhões de euros, todos colocados pelo pessoal do Qatar, que decidiu investir nos próximos anos em Porto Cervo e arredores cerca de 1,2 milhão de euros, e que para os futuros clientes de luxo precisava de um hospital à altura na região.

Quando a nova presidente do Bambin Gesù, Mariella Enoc, rasgou o velho projeto de Profiti (não haverá nenhuma *partnership*, ordenou aos seus, no máximo vamos pegar a gestão clínica do departamento pediátrico), os cardeais entenderam que havia uma abertura para se introduzir no negócio, usando o IDI como cavalo de Troia: de acordo com o substituto para os Negócios Gerais da Secretaria de Estado, Giovanni Angelo Becciu, originário da província de Sassari e muito ligado à sua terra, Versaldi e seus homens fecharam um acordo com os emires muçulmanos por meio da fundação Luigi Maria Monti. Ao final dos trabalhos, a propriedade do novo Mater Olbia seria inteiramente da Qatar Foundation, mas a sociedade gestora do hospital seria dividida em duas cotas: 40% para o Vaticano e 60% para os homens do emir Al-Thani. Uma aliança entre sunitas radicais e a Santa Sé que surpreendeu apenas as belas almas, mas que prometia negócios milionários e emprego para todos.

Foi justamente o Vaticano que se ocupou de cuidar dos trabalhos da estrutura de saúde que surgira na periferia da cidade. Em Olbia temiam a repetição de experiências infelizes, e expressavam isso: "Considerando os importantes recursos financeiros públicos que serão investidos", escreveram em um comunicado em fins de julho de 2015 os principais grupos do conselho municipal, "estamos preocupados com os rumores alarmantes sobre os procedimentos de contratação, um percurso que nos parece bastante similar a outras experiências, como o G8 da Maddalena". O pessoal do Qatar encerrou a discussão com uma resposta que parece mais um "danem-se": se "firmamos compromissos precisos com as autoridades", rebateu o diretor da Qatar Foundation,

Lucio Rispo, "isso não tolhe nossa liberdade de poder fazer aquilo que quisermos com nosso dinheiro. Aqui não foi colocado um euro sequer do Estado italiano: fomos nós que reformamos, compramos equipamento, procedemos às contratações, pagamos os salários". Em suma, somos o patrão e vamos fazer do jeito que acharmos melhor.

Freiras, amantes e um alguns bilhões

O grupo de poder vaticano que se reporta a Profiti protagonizou também de outra batalha, a da conquista da Casa di Cura della Divina Provvidenza, um enorme hospital psiquiátrico na Puglia, com sedes em Bisceglie, Foggia, Potenza e Paraná (na Argentina), fundado por dom Pasquale Uva em 1922 e que se tornou em poucas décadas um dos centros psiquiátricos mais importantes e ricos do Sul da Itália, graças ao trabalho das irmãs da congregação que o controla, a das Servas da Divina Providência.

Se os supostos maus tratos dos pacientes e as condições sanitárias desastrosas da instituição já haviam escandalizado escritores e jornalistas no passado, na primavera de 2015 a Promotoria de Trani abriu a caixa de Pandora e revelou que dom Uva, mais que um extraordinário exemplo de solidariedade cristã, tem sido palco de um "acontecimento inacreditável", caracterizado por desvios de dinheiro público, contratações de apadrinhados, balanços falsos, salários e consultorias milionários, tudo com dinheiro público destinado em tese à cura de doentes e que acabou em algumas contas do IOR em nome das irmãs e de velhos diretores. São esses os principais investigados, com algumas religiosas e políticos do primeiro escalão, pela quebra da congregação e do hospital, hoje sob administração extraordinária, com um rombo de cerca de 500 milhões de euros, dos quais pelo menos 350 constituídos por dívidas em litígios com o Estado italiano.

O Vaticano também acabou citado na investigação: em 2013, a congregação vinha sendo administrada pela Santa Sé, que nomeara o bispo de Molfetta, Luigi Martella, como delegado pontifício. Como braço-direito, o monsenhor havia convocado na Puglia o onipresente Profiti. "Depois de quarenta anos tomada pelos vietnamitas, conseguimos libertar a colina", explicava Giuseppe a um colaborador seu, festejando a nomeação. "O que vamos fazer depois com essa colina, não sabemos." O objetivo do administrador e dos prelados em Roma, segundo os autos dos juízes, é sempre o mesmo: assim como o IDI, a Divina Provvidenza é uma entidade eclesiástica em estado de insolvência, que enfrenta a crise recorrendo ao procedimento de administração extraordinária. O projeto ambicioso, escreveram os juízes "é aquele de retomar a posse definitivamente depois de depurado o imenso déficit econômico, a ser descarregado inteiramente nas costas da coletividade". Para alcançar esse fim era preciso ficar coberto à direita e à esquerda, com o governo e com a Santa Sé: segundo os promotores, só assim se explicavam os contatos contínuos de Profiti com Versaldi, Bertone e altos dirigentes do ministério do Desenvolvimento Econômico, sem falar na aliança férrea com o político considerado à frente de todo o sistema criminoso montado na Divina Provvidenza, Antonio Azzollini.

Senador da Nuovo Centrodestra[24] e há quinze anos presidente da Comissão do Balanço do Palazzo Madama (demitiu-se do cargo em

24. Nuovo Centrodestra é uma coligação eleitoral italiana de orientação cristã democrática, que concorreu às eleições europeias de 2014. (N. T.)

8 de julho de 2015, após o pedido de prisão dos juízes da Puglia, mais tarde rejeitado pelo tribunal), desde 2009 é ele, segundo a acusação, o chefe indiscutível do instituto; o homem que melhor que todos conseguiu unir os interesses da política aos dos diretores da congregação (ficaram em prisão domiciliar também a irmã Consolata, gerente financeira, e a irmã Marcella, representante legal da Opera), articulando a relação segundo o "sinalagma", um contrato em que cada uma das partes faz um favor à outra em troca de uma contraprestação.

"De hoje em diante, quem manda sou eu. Se não, mijo na boca de vocês todas", gritava Azzollini às freiras em julho de 2009, um insulto relatado por uma testemunha ocular, mas desmentido pelo amigo de Angelino Alfano. Com tal frase iniciou seu reinado indiscutido, fundado em um "golpe de Estado" que implicaria a colocação de homens de sua confiança no hospital e o surgimento da associação delinquente que dominaria a Divina Provvidenza por pelo menos cinco anos. Período no qual Azzollini conseguiria obter até a prorrogação, na *legge Finanziaria*, da suspensão das obrigações fiscais e contributivas, concedida às freiras pela primeira vez já em 2004. Na prática, consentiu-se que as freiras não pagassem impostos ao Estado italiano.

Dessa vez, porém, Profiti e o Vaticano ao que parece chegaram tarde demais. Não só porque a investigação penal já havia começado há algum tempo, mas porque o hospital já estava dilapidado até o osso. Se, graças às subvenções que recebia das regiões da Puglia e da Basillicata, a Divina Provvidenza punha em caixa entre reembolsos de contas e serviços de saúde quase 90 milhões ao ano, no período que foi de 2009 a 2014 os centros de dom Uva corriam o risco de acumular perdas totais de 170 milhões de euros, enquanto os dirigentes e políticos se esbaldavam contratando parentes, amantes e protegidos, sem contar o recrutamento de adeptos, fundamental para a sustentação política de Azzollini, já prefeito de Molfetta, que considerava a zona de Bisceglie um curral eleitoral seu.

As freiras assinavam toda deliberação, todo contrato. Permitiam que a ruína se cumprisse diante de seus olhos. Como era possível que antes da chegada dos juízes ninguém tivesse se dado conta? "O único denominador comum imutável ao longo dos anos foi o silêncio", explicaram os oficiais do governo que desde 2012 têm trabalhado por meio de análises financeiras e interceptaçãos nos balanços obscuros da Casa de Saúde. "Graças ao silêncio cúmplice de todos, em todos os níveis, foi sendo alimentado e instaurado um verdadeiro 'núcleo de poder' que imperou no hospital. Ninguém rasgou o véu da *omertà*[25] que cobria a entidade religiosa, na qual há vinte anos trabalhavam bem mais de três mil pessoas, e que parecia mais um cofre do que uma entidade voltada à caridade."

Até 1998, as irmãs haviam acumulado ilicitamente em algumas contas do IOR e do Banco di Roma títulos e dinheiro no valor de 55 bilhões de liras, mas nunca ninguém havia denunciado irregularidades ou estranhezas. Um documento manuscrito encontrado nas gavetas da congregação e apresentado há dezessete anos na assembleia das religiosas explicava que estavam à disposição 7,7 bilhões de liras para as pensões das irmãs, mais títulos no valor de 2,7 bilhões, enquanto no IOR, além de alguns milhões em marcos alemães, francos suíços, dólares canadenses e norte-americanos, eram guardados

25. O significado original da palavra *omertà* é "conspiração" (segundo os sicilianos, "proteção"), mas o sentido mais comum é o de "silêncio obstinado", e indica a decisão de muitas pessoas, especialmente nos contatos com a Máfia, de nunca comentar ou denunciar algum delito ou irregularidade ou colaborar com a polícia, por medo de represálias dessas organizações criminosas. (N. T.)

mais 36,5 bilhões de liras italianas. Contas administradas durante anos pelo comendador Lorenzo Leone, vice-presidente da Casa della Divina Provvidenza de 1972 a 1994, demitido após a nomeação do primeiro comissário apostólico, esclareceu em uma carta de próprio punho que as irmãs guardavam em uma conta do Vaticano um total de mais de 60 bilhões de liras, "de onde sairiam os fundos para financiar a construção da Opera em Paraná".

A suspeita é que o tesouro das freiras tenha sido acumulado com a retirada de dinheiro diretamente dos cofres da entidade, transferindo bilhões dos reembolsos estatais recebidos pelos serviços de saúde prestados aos doentes. Uma montanha de dinheiro, que em vez de permanecer nos cofres do hospital à disposição de seus credores (principalmente o Erário italiano) foi escondida no *torrione* Niccolò V. Isso não é tudo: além da conta "oficial", foi encontrada no IOR outra conta, de 27,5 milhões de euros, em nome de uma fantasma Casa di Procura Istituto Suore Ancelle della Divina Provvidenza, outra entidade fundada pela congregação em 1999. Um organismo fictício, segundo os investigadores, constituído e depois usado apenas com o objetivo de ocultar as riquezas das irmãs dos olhos do Estado italiano e de outros credores.

Mas como fizeram as irmãs e alguns de seus administradores para dar sumiço no dinheiro desde o início dos anos 1970? Os juízes ainda estão investigando. Mas há alguns anos, no âmbito de outro processo penal contra o comendador Leone, iniciado em 1995 e concluído em virtude de sua morte três anos depois, a então vigária geral da congregação, irmã Grazia Santoro, fez uma declaração reveladora. "Vi muitas vezes o Pappolla [definido pela irmã como o braço-direito de Leone] pegar vários maços de dinheiro vivo e por instrução de

Leone Lorenzo, na minha presença, enfiá-los em caixas de sapatos e prepará-los para serem entregues a alguém. As caixas eram colocadas no carro de Leone, que no dia seguinte ia para Roma onde tinha contatos permanentes com o IOR. Em Roma, rodava de Croma[26], e antes de Mercedes. O Leone tem um imensa fortuna, injustificada, já que ele sempre disse que não recebia nenhuma compensação da Casa."

É fato que no IOR o *dominus* do manicômio, grande amigo de monsenhor Donato De Bonis, gerenciava não só as contas das freiras mas também uma que lhe dizia respeito diretamente. Circunstância confirmada pelo velho motorista do vice-presidente: "Várias vezes fiz depósitos em dinheiro por ordem de Leone em contas do seu neto Procacci Leone Pasquale, de várias centenas de milhões. Leone me entregava o dinheiro no escritório dele", explicou ao promotor Domenico Seccia, que já investigava Leone por lavagem de dinheiro, apropriação indébita e malversação.

O comendador morreu em 1998, com a consequente extinção do processo penal que corria contra ele, mas também seus parentes saíram ilesos da investigação, já que os delitos em hipótese foram definitivamente prescritos pelo Tribunal de Trani em 2003. No entanto, as suspeitas de que a ilimitada riqueza de Leone fosse fruto da roubalheira operada em prejuízo do hospital continuam intactas: outras contas do IOR em nome do administrador guardam 16 bilhões de liras, dinheiro que continuou no *torrione* mesmo depois do seu falecimento. Hoje superam os 8,3 milhões de euros, e estão em nome dos netos Lorenzo e Pasquale Leone Procacci, que as herdaram da mãe, filha do comendador. Surpreendentemente, o dinheiro continua

26. Croma era um antigo modelo top de linha de automóvel da Fiat italiana. (N. T.)

em segurança atrás dos muros leoninos, embora as novas regras impostas por Francisco em 2013 determinem que todos os clientes que não tivessem direito fossem expulsos do banco. Graças às novas normas da assim chamada *voluntary disclosure* (instrumento criado pelo governo Renzi que permite ao contribuinte com patrimônio ilícito no exterior regularizar sua condição ao confessar espontaneamente à administração financeira a violação da obrigatoriedade de monitoramento), os netos repatriaram para a Itália o "botim" acumulado pelo comendador, pagando apenas uma multa. Nem os juízes de Trani nem os de Roma, nem o Vaticano nem a Banca d'Italia puderam impedir isso: embora a casa de saúde esteja quase falida e centenas de pessoas tenham sido demitidas, os Leone poderão desfrutar com a graça de Deus do dinheiro da família.

Após as supostas pilhagens dos anos 1990, as contas do hospital não fecharam nem mesmo no início do novo milênio. Chegaram novos administradores, métodos mudaram, mas a música continuou a mesma. A investigação que culminou com dez prisões em junho de 2015 identificou – graças também às respostas às rogatórias internacionais fornecidas pelo banco vaticano – não só entidades paralelas fictícias (além da fantasma Casa di Procura, as irmãs criaram ainda a organização sem fins lucrativos Istituto Don Pasquale Uva, de Bisceglie, e um Istituto Don Uva, de Potenza, ambos inoperantes e com ricos depósitos bancários), e também uma conta falsa para pagar os custos da causa de canonização de Dom Uva. Os promotores descobriram cerca de meio milhão de euros em uma filial de Andria do Banco di Napoli, que nunca foram usados para a beatificação: o postulador oficial na realidade explicou que não sabia de nada, e que usava para a causa outra conta do IOR. Sobretudo, a investigação revelou que o velho manicômio transformado em instituto de reabilitação tornou-se um enorme centro de poder do grupo encabeçado pelo senador Azzollini. "É o administrador de fato da empresa", esclareceu o juiz de instrução preliminar, que identificou Rocco Di Terlizzi e Angelo Belsito (este último próximo da Forza Italia e do ex-presidente do conselho municipal de Bisceglie) como os dois administradores de confiança do chefe. Tudo eram eles que decidiam: a contratação de pessoal, as relações com os bancos, a escolha de fornecedores amigos. Enquanto o hospital afundava, o diretor Dario Rizzi (também ele investigado) podia continuar a pegar 15 mil euros sujos por mês e colocar a amante Adrijana Vasiljevic no novo escritório de assessoria de imprensa e relações externas, criado *ad hoc* para ela, além de arrumar um lugar para o irmão Roberto. Enquanto a irmã Marcella, em 2010, contratava seu primo Francesco Coluccino como diretor, Angelo Belsito assinava um contrato com sua filha Teresa, e a filha de outro honorável, Raffaele Di Gioia, do PSI, era colocada como coordenadora administrativa na sede de Foggia. É contratada também a filha do sindicalista da CISL-FPS Puglia[27] Nicola Leggieri, a do representante sindical (também da CISL) Michele Perrone, além do filho de Mario Morlacco, que já era diretor da Agência Regional da Saúde da Puglia. A congregação, entre 2007 e 2011, contratou, apesar de a empresa estar praticamente falida, 298 pessoas. Uma fúria descontrolada de contratações, que segundo declarou o diretor Attilio Lo Gatto, em delação premiada, continuaram mesmo após o "golpe de Estado" de Azzollini: "Depois que ele chegou, as coisas não mudaram, não... todos aqueles que vinham de parte do doutor Rizzi, de Angelo

27. CISL-FPS Puglia é uma das seções da Confederação Italiana dos Sindicatos Trabalhista, que cuida do funcionalismo público na região da Puglia. (N. T.)

Belsito e do senador Azzollini eram logo aceitos, eram logo contratados. Eram bem recebidos, porque haviam sido impostos pelo senador Azzollini". A quem os juízes acusaram de ter induzido a administração da congregação a contratar, entre maio de 2009 e dezembro de 2011, 57 funcionários.

6

Em nome do dinheiro

Ou podeis, filhos, ver a corte estranha
de bens oferecidos pela Sorte,
pelos quais a humana gente se assanha;
todo o ouro que a sob a lua aporte
e que já foi dessas almas exaustas
jamais poderá poupá-las da morte.
DANTE, *Inferno*, Canto VII

A diocese de Terni tem um rombo de 25 milhões de euros. Ao vê-la à beira do colapso financeiro, em 2014 Francisco pediu ao IOR para salvá-la, ordenando que entregasse à cúria endividada 12 milhões de euros. O papa esperava que a soma fosse suficiente, mas ainda hoje acompanha com apreensão os eventos na cidade da Úmbria: a promotoria ainda investiga uma suposta associação criminosa, que envolveria o vigário episcopal Francesco De Santis, o presidente do Instituto Diocesano para o Sustento do Clero, Giampaolo Cianchetta, e o ex-gerente financeiro Paolo Zappelli. O ex-bispo Vincenzo Paglia saiu do processo graças a um arquivamento ("ainda acredito na justiça terrena", disse satisfeito), mas os homens que trabalharam durante anos com ele continuam enfrentando acusações de falsidade ideológica, deturpação de leilão, fraude e apropriação indébita, por terem comprado com o dinheiro da Igreja um castelo, antes propriedade do município de Narni. Uma operação de compra e venda fraudulenta, segundo os investigadores, que teria permitido ao grupo uma especulação imobiliária de grande porte.

O que ocorreu em Terni não foi um caso raro. De Trapani às Américas, da Campania à Eslovênia, são milhares as dioceses espalhadas pelo mundo, mas as indecências financeiras que terminam em cima da mesa de Francisco parecem de fato excessivas, mesmo por um cálculo generoso das probabilidades. Nos Estados Unidos, além das vicissitudes derivadas de ações legais multimilionárias contra padres pedófilos sofridas pela Igreja americana, nos últimos anos o poder do dinheiro comprometeu a carreira de vários sacerdotes promissores. Em 2013, monsenhor Kevin Wallin foi acusado pela promotoria federal de Connecticut não só de ter feito uso de metanfetaminas como de ter se envolvido com o seu tráfico para ganhar cerca de 300 mil dólares, gastos na aquisição (entre as acusações está também a tentativa de lavagem de dinheiro) de uma loja de artigos eróticos. A diocese de Bridgeport, na qual o sacerdote rezava missa, suspendeu-o, mas não é a primeira vez que a igreja da maior cidade do Estado é chamada a intervir por causa de seus sacerdotes: em 2012, o reverendo Michael Moynihan foi preso por ter pego dinheiro da Igreja para suas despesas pessoais, enquanto seu colega Michael Jude Fay (hoje falecido) foi condenado pelo roubo de 1,3 milhão de dólares da igreja de Darien, grande parte dos quais foi parar em sua conta pessoal, e gasto em despesas com viagens de limousine, roupas de grife italianas, joias Cartier, hotel cinco estrelas, poltronas, móveis de Ethan Allen e TV de tela plana. Não sabemos o que é que ele gostava de assistir nela.

Ao contrário, é provável que o filme predileto do arcebispo de Atlanta, no Estado norte-americano da Geórgia, fosse *...E o Vento Levou*. Wilton Daniel Gregory nunca foi apaixonado por cinema, mas em 2011 compreendeu que graças ao sucesso de Scarlett O'Hara e Rhett Butler poderia finalmente comprar a casa de seus sonhos. Naquele ano, na realidade, Joseph Mitchell, neto e herdeiro de Margaret, a escritora do romance homônimo sobre o qual se baseou a obra-prima de Victor Fleming, decidiu deixar parte importante de seus bens para a Igreja da sua cidade, ao todo cerca de 15 milhões de dólares. No testamento, de homem honesto mas precavido, Joseph determinou que a bolada deveria ser investida apenas "com fins religiosos e de caridade".

O padre, ao contrário, fez as coisas a seu modo. Primeiro, vendeu sua velha casa a alguns funcionários e sacertodes da sua paróquia, e decidiu então mudar-se para a mansão do piedoso Joseph, também esta deixada para a cúria. Trata-se de um complexo residencial no requintado bairro de Buckhead, o mais elitista de uma cidade muito afetada pela pobreza e pelo crime. Após uma rápida inspeção, o bispo concluiu que a edificação era modesta demais para o seu gosto e que precisava urgentemente de uma modernização. Com uma parte da herança recém-recebida pela sua diocese, sem delongas demoliu a velha casa e construiu uma mansão de luxo, com seiscentos metros quadrados: pelas fotos do interior e a partir do projeto de arquitetura vê-se que a luxuosa megamansão, rodeada de árvores e prados, possui todos os confortos. Um *quarto do pânico* de alta tecnologia para se proteger de eventuais intrusões, uma cozinha industrial com fogão de oito bocas, vários dormitórios, duas salas de jantar decoradas em estilo Tudor, alguns aposentos dedicados a escritórios pessoais, um elevador interno para não fatigar demais o prelado. Uma reforma que custou ao todo 2,1 milhões de euros. O projeto inicial previa ainda a construção de uma grande adega para os vinhos e a aquisição de um lampadário antigo, a ser colocado no *foyer*. Os paroquianos compreenderam que seu pastor não estava na verdade muito convencido da nova onda de Francisco e denunciaram seu estilo espalhafatoso. "Estou decepcionado comigo mesmo, fracassei em termos de credibilidade e de integridade pessoal e pastoral", declarou monsenhor Wilton, que anunciou sua intenção de vender a mansão e oferecer o arrecadado para ações beneficentes, além de se mudar para uma moradia mais modesta.

O padre mão-furada

As loucuras financeiras do bispo de Limburg, cidade de 30 mil habitantes no Estado alemão do Hesse, levaram em 2014 o Instituto de Língua Alemã (uma versão teutônica da Accademia della Crusca[28]) a dar seu aval a uma nova expressão, *Protz-Bischof*. Literalmente, "bispo fanfarrão", votada pelo instituto como segunda palavra do ano, depois de "GroKo", abreviação jornalística de Grosse Koalition, a coalizão que há anos governa a Alemanha. Para se tornar uma nova expressão, o sacerdote Franz-Peter Tebartz-van Elst fez o oposto daquilo que Francisco pediu aos seus monsenhores, e investiu 31 milhões de

28. A Accademia della Crusca é uma organização acadêmica com sede em Florença, que reúne estudiosos e especialistas em linguística e filologia da língua italiana. (N. T.)

euros para ampliar e reformar a sede episcopal, o centro diocesano St. Nikolaus, cujas obras deveriam de início ter custado cerca de 5 milhões, já considerados excessivos pela comunidade dos fiéis. O prelado fez ouvidos de mercador e aprovou orçamentos para a capela particular, a sala das relíquias, o jardim, além de faturas no valor de 2,9 milhões destinados à sua residência particular, com uma sala de jantar de 63 metros quadrados e uma banheira *kingsize* de 15 mil euros. Dinheiro que, segundo a *Süddeutsche Zeitung*, teria sido estornado do capital da fundação da Opera di San Giorgio, verba destinada a iniciativas sociais, especialmente as referentes ao sustento das famílias numerosas mais pobres da cidade.

Após as investigações feitas por jornalistas, o papa Francisco também se mexeu. Primeiro, suspendeu o padre de seus encargos, depois nomeou uma comissão de investigação para apurar a sextuplicação das despesas relacionadas com o novo centro. "A elaboração do projeto de construção no seu valor foi feita de modo a destacar de maneira preponderante os desejos do bispo, que eludiu propositalmente a questão dos custos", explica a comissão em um relatório. Na realidade, a construção do capítulo do templo, já antes da posse do bispo gastador, "havia sido planificada e comunicada com despesas fora da realidade", isto é, muito baixas. Mas em vez de recuar, Tebartz-van Elst seguiu adiante, comunicando aos fiéis custos inferiores no papel e gastando cifras astronômicas. Também os membros do conselho administrativo, espécie de comissão de controle, seriam responsáveis por não terem avaliado com cuidado as operações financeiras do bispo. Na Alemanha, a transparência ainda continua sendo uma utopia: o *Der Spiegel* contatou as 27 dioceses alemãs pedindo que tornassem públicas as entradas e saídas das igrejas. Com exceção de duas, todas as demais recusaram-se a fornecer qualquer informação sobre sua condição patrimonial. A Promotoria de Hamburgo também investigou Tebartz-van Elst, dentro de uma investigação paralela sobre uma suposta declaração falsa dada sob juramento: durante um depoimento, o monsenhor assegurara ter viajado a negócios em um voo direto em classe executiva até a Índia para visitar uma comunidade pobre. Na realidade, graças aos pontos acumulados em "milhas de voo" por seu vigário geral Franz Kaspar, havia conseguido um *upgrade* para a primeira classe, onde é servido champanhe e petiscos. Os juízes arquivaram o caso depois que o padre aceitou pagar uma multa de 20 mil euros.

Em 26 de março de 2014, o papa Francisco decidiu que o copo já estava cheio e que "aceitava as demissões" do *Protz-Bischof*, também acusado pelos fiéis por "um estilo autoritário". Mas o bispo não foi para um convento solitário, como muitos na Alemanha esperavam: a partir de abril de 2015, foi na verdade transferido para Roma, para a Santa Sé, designado para o Pontifício Conselho para a Promoção da Nova Evangelização, na condição de novo delegado. Um cargo que não existia e que foi criado especialmente para ele. "van Elst se juntará ao Secretário e ao Subsecretário e deverá manter contatos com as conferências episcopais e predispor os catecismos, sem por isso acrescentar sua assinatura aos textos", esclareceu o presidente do departamento Rino Fisichella. Palavras que, no entanto, não acalmaram a ira dos alemães: na realidade, o bispo passou a ser o número três do Ministério Pontifício.

TV pornô na Eslovênia

Os escândalos teutônicos, no entanto, parecem pouca coisa diante daquilo que uma minúscula diocese eslovena conseguiu fazer.

A basílica que preocupa Francisco e seus homens de confiança, George Pell e Pietro Parolin mais que os outros, é a de Maribor, cidadezinha do norte da Eslovênia, famosa por sediar uma espécie de *slalom* da Copa do Mundo de esqui.

A cidade de repente ficou célebre no Vaticano graças a uma dos mais graves quebras financeiras da história da Igreja: a arquidiocese, além de pastorear as almas de pouco mais de cem mil fiéis, na realidade lançou-se nos últimos anos em investimentos arriscados. Talvez tenha sido a incompetência do bispo, ou então a crise econômica mundial, aliada a um pouco de má sorte, o fato é que a igrejinha e as empresas por ela controladas conseguiram acumular a bagatela de mais de 800 milhões de euros de dívidas. Um rombo monstruoso que atualmente ninguém tem condições de cobrir: o vermelho é igual a 2% do produto interno bruto da Eslovênia e, para fazer uma comparação, é três vezes superior às entradas registradas no último balanço do Vaticano.

Para evitar o calote, o IOR em 2014 transferiu à diocese 40 milhões de euros, por vontade pessoal de Francisco, mas era como tentar impedir a entrada de água no *Titanic* com o polegar. Como foi possível a uma minúscula arquidiocese acumular em vinte anos débitos dignos de uma grande multinacional? Este que escreve consultou documentos reservados e falou com fontes eslovenas autorizadas, que descreveram uma situação catastrófica. Vamos proceder ordenadamente, partindo do fim, isto é, da hora em que as pessoas em São Pedro se deram conta da enormidade da bolha causada pelas aventuras financeiras do arcebispo Franc Kramberger. A descoberta foi feita quase por acaso, quando no final de 2007 uma emissora de TV controlada pela igreja eslovena começou a transmitir programas pornográficos. Nos jornais locais, explodiu o pandemônio. Em Roma, houve nervosismo, entre outras coisas porque naqueles mesmos dias o arcebispo de Maribor mandou ao Vaticano um estranho pedido, querendo autorização para tomar dois empréstimos de 5 milhões de euros cada.

As hierarquias perceberam que algo cheirava mal e pediram esclarecimentos ao núncio apostólico da Eslovênia. O embaixador do papa intuiu que por trás dos filminhos pornôs que o canal dos padres levava ao ar para obter alguns pontos a mais de audiência havia outras coisas, e alguém começou a sussurrar a existência de exposições milionárias a dívidas e investimentos insensatos. Monsenhor Mauro Piacenza, então secretário da Congregação para o Clero, pediu à diocese informações mais detalhadas. Primeiro sobre a empresa de comunicações T-2, controladora da emissora, depois sobre todas as contas e as várias *holdings* da diocese. As respostas chegaram meses depois, e não se mostraram satisfatórias: Piacenza advertiu o então secretário de Estado, Bertone, e o Vaticano decidiu enviar a Maribor um inspetor de confiança para examinar de perto os documentos. Gianluca Piredda, especialista em balanços e atualmente braço-direito de Versaldi no IDI, chegou à Eslovênia no início de 2010 na condição de "visitante apostólico". E começou aos poucos a compreender que o desastre da arquidiocese tinha proporções bíblicas.

As suas conclusões foram expedidas em um relatório para Roma. A pequena igreja deu um passo maior que a perna, criando um império econômico de papel machê. A aventura começou no início dos anos 1990, quando a diocese de Maribor criou o Banco Krek (em dez anos, tornou-se a décima instituição do país e, em 2002, foi vendido) e uma empresa comercial (a Gospodarstvo Rast). Passaram-se alguns anos e nasceram duas *holdings* para investimentos e negócios variados, a Zvon 1 e a Zvon 2, controladas por seu turno pela Rast.

As empresas compraram imóveis, outras empresas compraram ações, fizeram hipotecas com bancos dos quais tomaram emprestado dezenas de milhões, e decidiram investir não só em financeiras e empresas seguras, mas também em setores tecnológicos como fibra óptica e telecomunicações. Só a *holding* Zvon 1 já tinha "investimentos a longo prazo de 416 milhões de euros", lê-se no relatório expositivo, "e dívidas fora do balanço de 524 milhões". Nada correu como previsto: "Existe a possibilidade real", concluiu o dossiê, "de que todas as empresas indicadas sejam encaminhadas para a falência. As consequências seriam graves".

Entre os vários investimentos da Igreja eslovena havia de tudo: 94 milhões em ações do banco Abanka, 72 milhões na empresa Helios, especializada em material de construção, 13 milhões na empresa de gestão Krek, 18,8 na Petrol (energia, gás e petróleo), e mais 22 na misteriosa Cinkarna, cujo *core business* é a produção e distribuição de "pigmentos de dióxido de titânio". Havia ainda empresas no exterior, na Croácia, como a Sole Orto, para a qual foram transferidos 20 milhões de euros.

O investimento "mais crítico", conforme se lê, foi o que foi feito na T-2 (120 milhões no total), uma empresa que se definiu na internet, sem modéstia, como "o Futuro". Foi controlada quase 100% pelas duas *holdings* eclesiásticas, e suas atividades se concentravam em serviços de telefonia, internet e televisão, veiculados aos clientes por meio de uma rede de fibra óptica construída *ad hoc*. "O Futuro", porém, não chegaria nunca: entre passivos financeiros e para a conclusão da rede faltavam ainda 200 milhões de euros, enquanto as dívidas a curto prazo superavam nove vezes as atividades correntes. A empresa de consultoria KPMG, que a pedido do Vaticano realizou uma *expertise*, deu como perdido mais de 70% do capital investido: o valor estimado em junho de 2010 oscilava entre 24,6 e 28,6 milhões de euros. Uma bela soma. "E neste momento", explicava o técnico do Vaticano, "não há nenhum interessado na compra da T-2 que possa oferecer uma importância tão elevada."

Como num jogo de dominó, a quebra tinha o risco de começar exatamente aqui: a T-2 dificilmente poderia ser salva, e a essa altura só um milagre poderia também salvar a Zvon 1. Numa reação em cadeia, a sobrevivência da sua irmã Zvon 2 (com participação de mercado de cerca de 35%, cota dividida entre cerca de 30 mil pequenos poupadores) estava por um fio: as dívidas fora do balanço, neste caso, superaram os 189 milhões de euros. Caso as duas *holdings* viessem a falir, também a líder do grupo Gospodarstvo Rast não teria salvação.

Após o relatório de Piredda, a primeira cabeça a rolar foi a do arcebispo de Maribor, Franc Kramberger, substituído por Bento XVI pelo monsenhor Turnšek. O outro coautor do desastre foi identificado na figura do diretor da administração econômica da Igreja de Maribor, o homem de negócios Mirko Kravosec, gerente financeiro da diocese desde 1985. "Acredito firmemente que a nossa boa fé nos ajudará a superar, com espírito fraterno e com ajuda recíproca, mais esta provação", escreveu Kravosec ao Vaticano em um relatório, antes de ser exonerado. Não sabemos se as orações servirão para salvar a Igreja eslovena, mas com certeza o relatório descreve bem a imperícia dos homens do clero esloveno e de seus colaboradores. Para expandir "a atividade pastoral" e as "atividades de caráter humanitário e de caridade" e para abrir "novas instituições de ensino" foram feitas operações milionárias ingênuas e pouco prudentes. Negócios que prosseguiram por anos e anos, sem que o Vaticano fosse jamais comunicado:

1. Introduzione

L'analisi finanziaria dell'Arcidiocesi di Maribor è stata effettuata in base alla documentazione presentata da parte dei responsabili dell'Arcidiocesi. L'Arcidiocesi di Maribor non è obbligata a presentare relazioni in conformità con la legislazione slovena. Nonostante questo la contabilità dell'Arcidiocesi di Maribor è organizzata rispettando i principi contabili sloveni in vigore dal 2006.

Per il fatto che non sono obbligati alla revisione ne alla presentazione delle relazioni, alcune voci di bilancio risultano poco chiare, ciò è poco importante però per la comprensione di questa relazione.

La contabilità dell'Arcidiocesi di Maribor ci ha permesso di comprendere lo stato patrimoniale al 31.8.2010. Il nostro compito è stato quello di verificare con la massima attenzione quale fosse la reale situazione patrimoniale dell'Arcidiocesi di Maribor. In particolare abbiamo concentrato la nostra attenzione sui seguenti argomenti:

- immobili
- investimenti finanziari a lungo termine
- passività finanziarie
- passività fuori bilancio (passività potenziali)

Ancora una volta sottolineiamo che la nostra analisi si basa sulla documentazione presentata dai responsabili dell'Arcidiocesi di Maribor.

2. Sintesi dell'analisi dell'Arcidiocesi di Maribor

- L'Arcidiocesi di Maribor è in serie difficoltà finanziarie a causa delle difficoltà della sua parte commerciale, che fa parte del gruppo della società Gospodarstvo Rast d.o.o..
- Se in breve tempo non arrivano nuove garanzie, apporti di capitale o altri elementi finanziari utili per salvare le società Zvon ena holding d.d., Zvon dva holding d.d., T-2 d.o.o. e Gospodarstvo Rast d.o.o. c'è la possibilità reale che tutte le società indicate vadano in fallimento, le conseguenze per l'Arcidiocesi di Maribor sarebbero pesanti: mancato rimborso dei prestiti e la conseguente perdita degli immobili ipotecati da parte delle banche commerciali e altri elementi del patrimonio utilizzati come garanzia per il rimborso dei prestiti.
- In base alla revisione notiamo che l'investimento finanziario fatto nella società controllata Gospodarstvo Rast d.o.o. non ha, in questo momento, nessun valore e di conseguenza il capitale indicato è maggiorato di questo valore.
- Il prestito a breve termine concesso alla società Gospodarstvo Rast d.o.o., in questo momento non è restituibile pertanto si dovrebbe correggere il suo valore.
- E' molto probabile, che la garanzia concessa in solido alla Raiffeisen banca, dove alcune persone fisiche hanno richiesto (ed ottenuto) prestiti per la costituzione delle società Betnava d.o.o. e Dom Studenice d.o.o., si trasformerà alla scadenza, nel 2013, in debito per l'Arcidiocesi di Maribor proprio per la natura stessa del contratto di garanzia.
- I punti elencati hanno un effetto sul capitale pari a 22.894 TEUR[1], di questo la svalutazione degli investimenti nella società Gospodarstvo Rast d.o.o. è pari a 15.329 TEUR, la svalutazione degli investimenti finanziari a breve termine indicati come indebolimento dei prestiti concessi alla società Gospodarstvo Rast d.o.o. è pari a:

[1] Tutti gli importi sono indicati in migliaia di Euro

2

3.622 TEUR e le passività indicate come progetti Betnava d.o.o. e Dom Studenice d.o.o. sono pari a: 3.943 TEUR, tali investimenti, a causa delle circostanze non favorevoli, non hanno nessun valore anche se diventassero diretta proprietà dell'Arcidiocesi di Maribor. Per questo motivo riteniamo che il capitale dell'Arcidiocesi di Maribor al 31.8.2010 è pari a 6.094 TEUR e solo a condizione che non ci siano ulteriori passività potenziali.

- L'Arcidiocesi di Maribor ha delle passività fuori bilancio (conti d'ordine) estremamente elevate, una parte importante di queste è rappresentata dalle lettere di Patronage. Dall'analisi è evidente che le dichiarazioni sono più moralmente vincolanti che giuridicamente. Tenendone conto le passività fuori bilancio si riducono notevolmente.

3. Presentazione dell'Arcidiocesi di Maribor

L'Arcidiocesi di Maribor nasce nel 2006 dalla divisione della Diocesi di Maribor con circa 800.000 abitanti in tre diocesi, vale a dire nell'Arcidiocesi di Maribor con il 51,74%, nella Diocesi di Celje con il 34,43% e nella Diocesi di Murska Sobota con 13,83% dei credenti dell'ex Diocesi di Maribor. Con questa divisione la Diocesi di Maribor è diventata Arcidiocesi e sede Patriarcale ed il patrimonio della Diocesi di Maribor è stato suddiviso proporzionalmente in base alla percentuale dei credenti.
Nell'anno 1992 la Diocesi di Maribor ha costituito la banca pan-slovena che dopo dieci anni ha raggiunto il decimo posto nel paese. Accanto alla banca Krek è stata costituita anche una società per le privatizzazioni, da qui sorgono Zvon ena holding d.d. e Zvon dva holding d.d., che svolgono l'attività delle holding.
A Zvon ena holding è stata trasferita la maggior parte dei beni, a Zvon dva holding invece la parte meno prestigiosa e in minor quantità.
Nel 2002 l'Arcidiocesi di Maribor ha venduto la Banca Krek alla Raiffeisen Zentral Bank di Vienna.
La maggior parte del denaro ricevuto dalla vendita, è stato investito dalla Diocesi di Maribor per l'acquisizione di beni nell'ambito della società di gestione Krek. Nel 2005 in base a questa proprietà e con un indebitamento pari a 27.221 TEUR, attraverso la società Gospodarstvo Rast, ha acquisito il 53% di Zvon ena holding.
Una parte importante delle attività dell'Arcidiocesi di Maribor è legata anche con la gestione degli immobili.

4. Bilancio dell'Arcidiocesi di Maribor

Bilancio al 31.8.2010 in TEUR

Voci di bilancio	*31.8.2010*
Risorse	**70.290**
Immobilizzazioni	**64.613**
Immobilizzazioni immateriali	1.883
Immobilizzazioni materiali	38.547

3

A crise da arquidiocese de Maribor, no norte da Eslovênia, no relatório do visitante apostólico, feito a partir de documentos da igreja local – que, com empresas às quais era associada, acumulou 800 milhões de euros em dívidas. "Se não receber rapidamente novas garantias, injeções de capital ou outros elementos financeiros úteis para salvar a sociedade, existe a possibilidade real de todas as empresas envolvidas irem à falência, e as consequências seriam pesadas: não reembolso de empréstimos e a consequente perda de imóveis hipotecados e outros patrimônios listados como garantia".

somente no final de 2007 foi solicitada permissão para a abertura de dois empréstimos. E isso levando em conta que a Santa Sé, para toda operação superior a um milhão de euros, tem de dar uma autorização por escrito. O gerente financeiro exonerado, no relatório, caiu das nuvens: "Achava que a aprovação não fosse necessária... Pensei que o limite era para os empréstimos individuais, não para a dívida cumulativa, e que tais limites deviam ser considerados apenas para a diocese e não para as empresas de propriedade dela ou a ela coligadas".

A linha de defesa do Vaticano, em caso de quebra das diversas empresas e de uma exposição aos débitos, se basearia exatamente na falta de respeito às regras: sem uma autorização de Roma, todas as operações da diocese eslovena, segundo a Santa Sé, deveriam ser consideradas irregulares do ponto de vista jurídico. Na prática, no caso de um calote, os 30 mil poupadores, os bancos e os demais credores não poderiam se voltar para o Estado Pontifício: os contratos com a Igreja de Maribor seriam considerados papel reciclável. Com certeza, quem investiu nas empresas do clero esloveno corre risco de perder o dinheiro. Principalmente os pequenos investidores.

Instituições importantes também: a Nova Ljubljanska Banka, primeiro banco da Eslovênia com filiais também na Itália, emprestou, para a criação da televisão digital envolvida no escândalo pornô, cerca de 85 milhões de euros, e outros bancos ficaram expostos por dezenas de milhões. Até a igreja de Maribor poderia perder quase todas as suas propriedades e bens dados como garantia: se a Raiffeisen Banka, para conceder três empréstimos, obteve ações e mais a cessão das taxas de locação de alguns escritórios de propriedade do clero, além de terrenos e apartamentos, a Unicredit emprestou à Igrejinha 11,2 milhões, e como penhor obteve – além das ações da *holding*

Zvon 1 – a hipoteca do esplêndido mosteiro de Studenice, do século XII, e de um laboratório de órgãos musicais. Além de emprestar 40 milhões por meio do IOR, Francisco fez rolar muitas outras cabeças. Também o homem colocado por Bento XVI, Marjan Turnšek, foi mandado embora depois de dois anos no comando, mesma sorte do bispo de Liubliana, Anton Stres, culpado, segundo o Vaticano, pela ausência de supervisão das operações dos desenvoltos prelados. O substituto, como no caso da diocese de Terni, era um franciscano. Bergoglio esperava que seguisse os ditames enunciados na regra formulada por São Francisco em 1224: "Nenhum frade, onde quer que esteja e onde quer que vá, de nenhum modo tenha consigo ou receba de outros ou permita que se receba pecúnia ou dinheiro, nem com o pretexto de adquirir vestes ou livros, nem como compensação por algum trabalho, em suma, por nenhuma razão, exceto por manifesta necessidade dos frades enfermos; pois não devemos dar nem atribuir à pecúnia e ao dinheiro maior utilidade que às pedras".

Luxo franciscano

Ultimamente, porém, os frades menores não parecem estar se comportando como convém à ordem do patrono da Itália. Nos últimos meses de 2014 e nos primeiros de 2015, episódios financeiros surpreendentes e escândalos de província têm manchado seu bom nome. O *poverello di Assisi*[29], elevado à glória e magnificado pelos versos de

29. O "pobrezinho de Assis". É assim que muitos italianos se referem a São Francisco. (N. T.)

Dante, que na *Divina comédia* faz com que lhe sejam tecidas loas pelo dominicano Tomás de Aquino, é o "Santo" por antonomásia. O traço distintivo é o abandono da riqueza, a recusa da opulência, aquilo que faz o religioso se despir de seus bens para professar melhor sua fé. A história do rombo de cerca de 100 milhões de euros provocado pela cúria diretora de Roma parece um contrapasso[30] que até mesmo o poeta florentino teria dificuldade para inventar.

A ordem está à beira do colapso, não porque tenha dado todo o seu dinheiro aos cobiçosos, ou investido tudo em obras beneficentes. O rombo foi provocado por investimentos malucos feitos no mercado, ao que parece por culpa de empresas de terceiros, contratadas em confiança pelos frades, e que empregaram o dinheiro de São Francisco em operações de alto risco financeiro. Além de apostas equivocadas na Bolsa, o rombo teve origem em algumas despesas fora de controle, como as feitas para reforma do *Auditorium Antonianum* (um centro de convenções com restaurante aberto para o exterior, junto à via Merulana, em Roma, a um custo de cerca de 4 milhões de euros) e principalmente o que se gastou com um hotel de luxo atrás da praça São Pedro, *Il Cantico*. Essa edificação já foi um orfanato. Construída pelos franciscanos na via del Cottolengo, ficou fechada no pós-guerra e reabriu alguns anos atrás como hotel de luxo. No total, os frades, para fazer render seu imóvel, gastaram uns vinte milhões, cifra altíssima para uma reforma: o que vemos hoje é uma construção *hi-tech* (a decoração custou 15 mil euros por quarto, com duplo sistema de

30. O contrapasso ("sofrer o oposto"), segundo a descrição de Dante em sua *Divina Comédia*, é um tipo de punição imposta às almas no *Inferno*, em que cada alma é castigada de um modo particular, que espelha ou comenta algum aspecto do pecado específico que ela cometeu. (N. T.)

ventilação), e oferece aos seus hóspedes um restaurante *gourmet* (conta ainda com um pastifício e uma sorveteria), uma cantina e um *bar-store*, onde os frades vendem sabonetes e essências biológicas que trazem inscritas orações do santo (os franciscanos compraram esses produtos às toneladas, com pedidos que chegam perto dos 100 mil euros). É um local onde empresários e empreendedores podem circular, pagando uma diária de duzentos euros, "pelos 20 mil metros quadrados de área verde, com um jardim e um viçoso bosque, próprios para passear e meditar...", explica o folheto do hotel. Que, no entanto, não conta que a modernização do jardim custou mais de um milhão de euros. Enquanto escrevemos, o hotel está à venda, e já há tratativas feitas com um fundo árabe.

A criatividade financeira dos *poverelli*[31] torna-se de domínio público em dezembro de 2014. Foi quando o padre americano Michael Perry, novo ministro geral da Ordem, após uma consulta interna decidiu denunciar a bancarrota no site oficial dos frades, antes que a imprensa o fizesse. Uma carta chocante, que provocou uma fenda no orgulho da missão, em seus santos propósitos e no seu espírito original. "A cúria", escreveu Perry, "encontra-se em uma situação de grave, sublinho grave, dificuldade financeira, com um conspícuo montante de dívidas. Ficou evidente que os sistemas de vigilância e de controle financeiro da gestão do patrimônio da Ordem eram ou fracos demais ou então comprometidos, com a inevitável consequência de sua falta de eficácia em relação à salvaguarda de uma administração responsável e transparente." Uma situação originada por "um certo número de

31. Um dos nomes pelos quais os franciscanos são chamados na Itália. (N. T.)

operações financeiras dúbias, conduzidas por frades a quem haviam sido confiados os cuidados do patrimônio da Ordem, sem a plena consciência e o consenso nem da anterior nem da atual Coordenação geral". A conclusão soou como uma sentença: "A dimensão e a relevância dessas operações colocaram em grave perigo a estabilidade financeira da cúria geral".

O ministro Perry esclareceu que entre os responsáveis estavam "algumas pessoas externas, que não são membros da ordem" e que foi tomada a decisão de "pedir a intervenção das autoridades civis, a fim de que elas possam esclarecer esses episódios". O único a se demitir, justificando sua decisão por razões de saúde, foi o padre Giancarlo Lati, durante anos o gerente financeiro geral e representante legal da Ordem. Era ele o responsável pelo hotel, e o gestor da casa franciscana. Depois de ter contraído alguns empréstimos e ter investido no *Cantico* e no auditório mais dinheiro do que o orçado inicialmente, o padre teria procurado se recuperar investindo em mercados internacionais de rendimento fixo garantido. Mas teria caído numa rede de especuladores leigos inescrupulosos, que se apoderaram do portfólio e o investiram em esquemas financeiros de risco, com as consequência já descritas.

O padre Giancarlo está hoje em um convento na Úmbria, mas é preciso lembrar que as escolhas financeiras que provocaram a quebra foram feitas quando o ministro da Ordem era José Rodríguez Carballo. O espanhol largou o ministério assim que Bergoglio chegou ao Vaticano, pois foi promovido a secretário da Congregação para os Institutos de Vida Consagrada. Paradoxalmente, foi ele que assinou com seu prefeito as novas "linhas de orientação" que as diversas ordens religiosas devem seguir a fim de evitar novos escândalos financeiros e gestão irresponsável das finanças. Como se diz, o homem certo no lugar certo.

Padres com 102 automóveis

O *annus horribilis* dos franciscanos causou outros dissabores aos fiéis em março de 2015, quando o padre Bernardino Maria e o padre Pietro Maria foram inquiridos por fraude e falsidade ideológica pela promotoria de Avellino em uma investigação que enquanto escrevemos está ainda em andamento. Os protagonistas desta vez são alguns franciscanos da Immacolata (a casa-matriz do instituto fundado pelo padre Stefano Maria Manelli em 1970 e reconhecido pela Igreja Católica em 1990 fica em Frigento, próximo de Avellino), cuja conduta revelou que mesmo uma congregação pequena como aquela do interior possui riquezas de dezenas de milhões de euros. E que no que se refere a controlar o esterco do diabo, até quem promete abrir mão de todos os seus haveres pode cair em tentação e cometer ilícitos.

A tempestade chegou, inesperadamente, quando o juiz de instrução preliminar do tribunal dispôs o sequestro de casas e contas correntes em um valor de 30 milhões (depois desbloqueados), a partir do momento em que a Promotoria, guiada por Rosario Cantelmo, levantou a suposição de uma megafraude com os bens da ordem. Uma investigação iniciada com a denúncia de Fidenzio Volpi, um frade capuchinho enviado como delegado apostólico do Vaticano, que em 11 de julho de 2013 decidiu assumir a gestão da congregação como comissário, em virtude de uma série de guerras intestinas entre os confrades por questões ligadas à doutrina. Tensões e dissidências internas entre o fundador e alguns adeptos se arrastavam havia anos, por causa da decisão de mudar alguns ritos e adequá-los à tradição, retomando o uso exclusivo do missal antigo. Litígios dos quais o próprio Bento XVI tinha conhecimento.

A investigação, porém, revelou eventos que nada tinham a ver com as divergentes concepções sobre a missa. Porque, para não perder o controle sobre o patrimônio com a chegada do novo comissário, os dois padres investigados (talvez com outras pessoas que até agora não foram identificadas) teriam escrito duas atas de assembleia ideologicamente falsas, a fim de modificar o estatuto e transferir a propriedade do instituto para algumas associações externas à estrutura religiosa. Um plano urdido em agosto de 2013, um mês após a congregação ter sido submetida à gestão do comissário. A manobra denunciada por Volpi "teria impedido", explicou a Promotoria, "o comissário apostólico de exercer as prerrogativas que os estatutos asseguram ao governo da ordem religiosa". Não só isso. Os dois frades "consentindo a entrada de leigos nas formações associativas (leigos não vinculados a obediências a uma hierarquia eclesiástica, tanto na época como agora representada pelo comissário apostólico)", teriam conseguido, "de maneira fraudulenta o resultado de isentar as duas associações de qualquer forma de controle por parte da ordem religiosa da qual constituem desde sempre uma expressão direta".

Mas o que espanta, além das brigas internas e das lutas de poder, é antes de mais nada o volume patrimonial em posse dos *poverelli* da cidadezinha do interior, dedicados à oração e à penitência. Se o frade

Italo Cammi, na *Leggenda francescana dell'Immacolata*, explicava que os frades da congregação "deitam em cama de ripas sem colchão nos meses menos frios" e que era preciso "suportar o duro frio nos longos meses de inverno com temperaturas muitas vezes abaixo de zero, com sandálias e pés nus, debaixo de chuva e de neve", os juízes no ano da graça de 2015 sequestraram das duas associações 59 imóveis, entre apartamentos, casas e conventos espalhados pela Itália, dezessete terrenos, cinco instalações fotovoltaicas, uma estação radiofônica e cinematográfica. E 102 automóveis.

O contrassenso é que as associações no centro da investigação haviam sido criadas justamente para que a instituição religiosa dos frades franciscanos da Immacolata, que encabeçavam tudo, não transgredissem o voto de pobreza. Do trabalho do comissário emergiram também operações de cerca de um milhão de euros, realizadas de 2008 a 2012, com transferências bancárias e depósitos em favor de beneficiários desconhecidos e sem justificativas claras. Quando foi feito um pedido de explicações ao padre Bernardino Maria, ex-gerente financeiro da congregação e sempre no comando de ambas as associações, não se obteve nenhuma resposta. A fraude suposta é de um milhão de euros, igual à dimensão do dano patrimonial sofrido pelas duas associações.

"Mulas" e imóveis

O noticiário contou a história do seguinte modo: um dia, no início de 2015, um sacerdote bósnio atravessou o posto de fronteira Como-Brogeda. Nada de estranho, exceto pelo fato de que o padre estava recheado de cédulas de dinheiro – e que acabava de ser detido pela Guardia di Finanza. O prelado disse aos militares que estava transportando menos de 10 mil francos suíços, dentro do limite permitido pela lei. Mas o pessoal da guarda financeira, ao revistar sua mala, encontrou no meio da roupa e do estojo de produtos de *toilette* dois envelopes, dentro dos quais havia 50 mil francos suíços e outras notas num total de 51.004 euros. Metade do dinheiro foi sequestrada pelos agentes. A proveniência do dinheiro? Desconhecida.

"Em um momento em que os ventos da corrupção chegam de todos os lados é preciso fazer crescer a economia e a honestidade", disse Francisco aos banqueiros italianos em 12 de setembro de 2015, convidando-os a ajudar a parte mais fraca da sociedade. A luta dele contra os mercadores do templo apenas começou, mas em dois anos de pontificado já deve ter compreendido que os inimigos da sua revolução são muitos, e que é provável que se multipliquem.

Voltando ao interior, temos outra história de dinheiro e fraude envolvendo alguns religiosos da Santa Igreja Romana. Monsenhores que teriam investido somas importantes para construir, em vez de uma edificação para acolher menores (afinal, o nome do projeto, inequívoco, supunha a criação do Villagio del Fanciullo [Vila dos Meninos], um hotel para turistas. O financiamento era provido pelo governo da Região da Campania e por isso acabou na mira tanto dos juízes penais como do tribunal de contas, que investigaram uma alta figura da cúria da Campania: o arcebispo emérito de Salerno, Gerardo Pierro. Condenado em primeira instância em 2012 a dez meses de reclusão, teve mais tarde seu processo arquivado por uma prescrição adicional (ele sempre se disse inocente e pediu para renunciar no início do processo), enquanto dom Comincio Lanzara, seu chefe do cerimonial, recebeu do juiz em segunda instância a pena de quatro meses de cárcere. Inicialmente, o promotor público havia pedido para eles cinco anos, por supor que o padre tivesse também se apropriado de 300 mil euros, parte da soma que havia sido arrecadada com a venda de outro imóvel da cúria. Em 20 de março de 2015, foram condenados também três técnicos municipais e o monsenhor Vincenzo Rizzo (a quatro meses), que na época estava à frente do escritório de gerência financeira da cúria de Salerno.

No episódio foram embora 2,5 milhões de euros – fundos públicos da região da Campania que deveriam ter sido gastos em projetos sociais e que no final foram usados para um fim totalmente diverso. Um documento inédito do Tribunal de Contas, de abril de 2014, isto é, a convocação para depor enviada ao prelado, relatou em detalhes a fraude organizada pela quadrilha de padres da cúria de Salerno, desde sempre proprietários de um conjunto de edifícios, chamado Colonia San Giuseppe. Em 2001, eles decidiram que chegara a hora de colocar em ordem aqueles edifícios em condições precárias, desabitados, e recorreram aos benefícios de uma lei regional, um acordo-quadro por meio do qual o Estado italiano financiava com dinheiro público obras "para a promoção da oferta social nas áreas degradadas, a melhoria da qualidade urbana ou a recuperação e a requalificação de patrimônio histórico-cultural".

Monsenhor Pierro escreveu no pedido que o beneficiário dos trabalhos seria "a coletividade inteira", e pediu 2,3 milhões de euros. O governo regional acreditou no projeto dos padres e disponibilizou o dinheiro. Em um frio e chuvoso 5 de novembro de 2008, porém, quando os técnicos foram fazer a inspeção das obras no Villaggio del Fanciullo para meninos pobres, não conseguiram acreditar no que viram: a diocese, escreveram em um relatório técnico, "em vez da prevista instalação a serviço da coletividade, ergueu uma estrutura hoteleira". Atualmente, o Tribunal de Contas avalia o prejuízo a ser ressarcido em 2,4 milhões de euros, destacando que a Igreja, entre os oitenta solicitantes daquele financiamento de assistência social, "foi a única a se movimentar em uma dimensão de cunho essencialmente privado". Dos documentos emergiu "de modo irrefutável, o elemento psicológico do dolo, por exemplo, no uso de expressões ambivalentes destinadas a ocultar a real finalidade, como o termo 'acolhimento', que referido à 'colônia' deixava subentendido acolhimento caritativo, e delineava uma obra destinada ao serviço social, além do fato de que em nenhum ato ou documento da diocese jamais se fez referência à verdadeira destinação da obra". Se o monsenhor Pierro segundo a Corte era "bem consciente da ambiguidade lexical" usada para enganar os técnicos regionais que disponibilizaram o dinheiro, o gerente financeiro dom Lanzara era o homem "determinante para os artifícios e transferências que asseguraram o sucesso da operação fraudulenta destinada a extorquir o financiamento do governo". Com aquele dinheiro, portanto, surgiu a Angellara Home, um hotel similar ao Il Cantico dos franciscanos de Roma, dotado de todos os bens de Deus: quartos elegantes com minibar, TV digital com canais por satélite, conexão internet, sala de reuniões para 450 pessoas e pequena praia particular para os hóspedes. O grupo de condenados conseguiu registrar de modo fictício o hotel enquandrando-o como "colégio-internato--asilo-orfanato" e não como estabelecimento de hotelaria.

O ex-arcebispo Pierro, não obstante o escândalo, permaneceu no seu posto até a aposentadoria. Hoje vive na província de Salerno, não longe de Pontecagnano Faiano, onde em 2010 alguém ergueu uma estátua de quatro metros de altura mostrando o próprio Pierro no jardim do seminário metropolitano da cidade. "A monsenhor Gerardo Pierro, arcebispo primaz metropolitano de Salerno, por ocasião de seu 75º aniversário, com viva gratidão a arquidiocese ergue." Arquidiocese que o mesmo monsenhor imortalizado em mármore dirigia na época.

Fraude contra os salesianos

A ocasião faz o ladrão, já diz o ditado. Assim, onde há dinheiro, é mais fácil cair em tentação. No Vaticano e nas congregações há muito, mas muito, e dezenas de sacerdotes volta e meia são presos com a mão na massa. Muitos episódios se resolvem internamente para evitar vazamentos de notícias e danos de imagem. Outros terminam nos tribunais, nos quais denúncias e cartas seladas abrem fendas e revelam realidades até então desconhecidas. Vamos tratar da ordem dos salesianos, que dom João Bosco fundou depois que uma mulher, em sonhos, lhe disse: "Torna-te humilde, forte e robusto". Pois é: descobriu-se que pouco há de humilde no patrimônio controlado hoje por seus seguidores.

A partir de uma tentativa de fraude na Ordem e da disputa por uma enorme herança foram reveladas as dimensões do cofre da congregação, à qual pertence também o cardeal Bertone. O episódio começou em 5 de junho de 1990, quando o marquês Alessandro Gerini morreu em sua residência romana. Ex-senador da Democracia Cristã, nobre muito próximo dos ambientes vaticanos, em seu testamento deixou para uma fundação que leva seu nome (reconhecida como entidade eclesiástica e colocada sob o controle dos salesianos), uma riquíssima herança em terrenos, dinheiro vivo, imóveis e obras de arte. Um tesouro que inicialmente foi avaliado, por algumas estimativas exageradas, em algo próximo aos 2 trilhões de liras.

Quando os netos do "marquês de Deus" (era este o apelido de Gerini em Roma) impugnaram a herança e decidiram processar a congregação dos seguidores de dom Bosco, começou uma disputa legal duríssima. Que envolveu não só as duas partes, mas também alguns mediadores, entre eles Carlo Moisè Silvera, encarregado pelos parentes do rico Gerini de cuidar de seus interesses. Depois de quinze anos de batalhas em tribunais, em 8 de junho de 2007 os querelantes finalmente entraram em acordo: os salesianos, para encerrar o contencioso, pagaram 16 milhões de euros, dos quais 5 milhões iriam para os netos e 11,5 para o próprio Silvera. No acordo, porém, havia uma cláusula: o percentual já elevadíssimo por causa do intermediário ainda deveria ser aumentado depois que uma comissão de peritos avaliasse definitivamente o valor real do patrimônio do marquês.

E então, alguns meses depois, a comissão presidida pelo advogado milanês Renato Zanfagna (amigo e cúmplice de Silvera, diriam depois os procuradores de Roma) emitiu o veredito: o patrimônio do marquês de Deus valia ao todo 658 milhões de euros. Portanto, o mediador, que havia estipulado uma parcela de 15% da soma, tinha à sua espera a bagatela de 99 milhões no total. Que a fundação Gerini dos salesianos, em virtude do acordo assinado, deveria pagar à vista.

Mas os seguidores de dom Bosco se recusaram a fazer isso. Perceberam que algo cheirava mal, entenderam que naquele episódio algo não encaixava bem. Não soltaram nem um euro mais. Silvera então os denunciou, convenceu os juízes de que a partilha da herança era válida, que a negociação era decisiva. No tribunal, sua versão foi considerada fundamentada, e assim em 2012 os salesianos assistiram ao sequestro cautelar de 130 milhões de euros. Um sequestro que revelaria – além da herança recebida – a enorme disponibilidade dos padres: além de palácios valiosos (entre eles a sede da direção geral romana na via della Pisana), descobriu-se que tinham ainda um fundo, chamado Polaris Investment SA, em Luxemburgo. Tanto na teoria como na prática, um sinônimo de paraíso fiscal, bem entendido.

Procurando nos arquivos do cartório de registro daquele grão-ducado, é possível encontrar o estatuto da Polaris, e assim saber quais são os sócios fundadores da sociedade, que depositaram em 6 de fevereiro de 2004 cotas de participação de 1,5 milhão de euros: a direção geral da Opere di Don Bosco, que tem a maioria das ações, o Istituto Religioso di Don Orione e a Provincia di Genova dei Frati Minori Cappuccini. A ideia de criar uma sociedade para a gestão de fundos foi de dom Giovanni Mazzali, gerente financeiro dos salesianos, bem preparado, com estudos no exterior e responsável financeiro por uma organização presente hoje em 130 países do mundo. Para que constituir um "fundo ético" exatamente em

Luxemburgo? Por causa das inegáveis vantagens fiscais, provavelmente. E para atrair capitais privados: é um fato que em 2007 os salesianos conseguiram convencer a Cariplo a investir na Polaris Investment Italia SGR – uma sociedade de gestão controlada pela matriz luxemburguesa – 5 bilhões de euros, uma injeção de liquidez que propiciaria a entrada da Cariplo também como um dos sócios da SA luxemburguesa. Hoje a sociedade do grão-ducado mudou de nome, rebatizada como Quaestio Investments, mas é ainda ativa, ao passo que os padres saíram da subsidiária italiana.

Depois que o tribunal bloqueou seu imenso patrimônio, os religiosos contra-atacaram. Graças às investigações da gendarmeria vaticana conseguiram colher elementos para provar que o velho acordo que estipulava comissões riquíssimas para os mediadores teria sido falsificado. Exatamente por dom Mazzali, gerente financeiro até 2008, que segundo as acusações teria acrescentado de próprio punho o parágrafo que obrigava a congregação a pagar a megaindenização a Moisè Silvera. Com base nos novos elementos, os frades obtiveram o desbloqueio de seus bens e a procuradoria pediu o retorno de três pessoas para novo julgamento: além de Mazzali e do mediador, também o advogado Zanfagna, o homem que havia feito o inventário dos bens do Marquês de Deus, inflando-o desmedidamente a fim de aumentar a soma destinada a Silvera. Enquanto se escrevia este livro, o processo estava em andamento.

"Fomos ludibriados, mas a justiça trinfará", afirmou Bertone. Satisfeito por ter salvo a ordem da quebra: os salesianos recuperaram o que é deles, as riquezas estão bem protegidas.

Ânforas, calúnias e *8 per mille*

Em Trápani, a cúria se notabilizou por desfalques importantes nas contas, números que não batem no balanço, ódios entre bispos e administradores eclesiásticos e novas e preocupantes investigações da Justiça comum.

Dessa vez, o crucificado foi o monsenhor Francesco Micciché, bispo da cidade até maio de 2012, quando Bento XVI o removeu assim que leu os resultados de uma inspeção interna efetuada pelo visitante apostólico Domenico Mogavero, à época o número três da CEI e bispo de Mazara del Vallo.

Foi ele que, depois de seis meses folheando as pastas da diocese trapanesa, assinou e expediu para o palácio apostólico da Santa Sé um relatório alarmante, no qual se supunham irregularidades de todo tipo, desde a venda de imóveis abaixo do valor real a amigos dos prelados até desfalques de centenas de milhares de euros, num turbilhão de documentos falsos e lutas entre o próprio Micciché e seu gerente financeiro, dom Ninni Treppiedi, que se acusavam mutuamente de todas as atrocidades.

"É tudo um complô, é tudo culpa de dom Treppiedi, e aquilo Mogavero são calúnias", defendeu-se sempre Micciché, gritando aos fiéis e ao papa sua inocência, com uma raiva que em abril de 2015 tomou a forma de um processo contra o colega Mogavero por difamação e violação de segredo de justiça. Enquanto Bergoglio, para resolver a questão, teve que nomear um colegiado composto por três bispos (ou cardeais), na Sicília várias investigações da magistratura italiana tentavam entender quais, dentre tantas acusações trocadas, tinham fundamento ou não.

Até o momento, a balança da Justiça terrena parece pender para o lado do gerente de finanças, já suspenso *ad divinis* pelo Vaticano. A investigação sobre lavagem de dinheiro contra Treppiedi, que em uma investigação paralela estava testemunhando contra seu ex-superior, na realidade foi arquivada em maio de 2015. Acusado de ter subtraído centenas de milhares de euros vendendo imóveis sem o conhecimento de Micciché, os promotores após uma rogatória entregue ao Vaticano descobriram que Treppiedi tinha uma só conta no IOR, de apenas 16 mil euros, praticamente nunca movimentada.

E há um segundo ponto que o duelante tem a seu favor: em outra linha de investigação, os promotores haviam sequestrado a antiga reitoria de uma igreja de Alcamo, que imaginavam ter sido alvo de uma fraude de Treppiedi, mas depois de rápidas averiguações restituíram o palacete aos proprietários e confirmaram que a venda do imóvel havia sido efetuada regularmente. Não só isso: no decreto de desbloqueio as acusações de Micciché contra seu ex-fidelíssimo foram definidas pelos promotores como "não confiáveis, fruto de uma premeditada estratégia inspirada por fins diversos do sentido de legalidade, e com as quais Micciché tentou, conseguindo sucesso num primeiro momento também graças a testemunhos complacentes, ganhar credibilidade junto à autoridade judiciária".

Enquanto Treppiedi festeja, monsenhor Micciché e alguns amigos seus hoje tremem: segundo a Promotoria de Trápani, o alto prelado teria embolsado um monte de dinheiro (as primeiras avaliações falavam em 800 mil euros) proveniente dos fundos do *8 per mille*, que os contribuintes católicos optam todo ano dar à Igreja. O bispo, enquanto escrevemos, está sendo investigado por apropriação indébita e malversação. Os investigadores reconstruíram um suposto sistema de poder montado na cidade pelo bispo e pelo diretor da Caritas trapanesa, Sergio Librizzi: por seu lado, Micciché deixava o amigo administrar uma dezena de importantes cooperativas especializadas no setor de acolhida aos migrantes e na coleta de roupas (cooperativas que juntas administram centenas de postos de trabalho, um bem raríssimo na cidade), e Librizzi em troca teria assinado falsos atestados para o bispo, pedaços de papel que serviam para documentar que a diocese de Trápani investia o dinheiro proveniente do *8 per mille* em obras de caridade e projetos para os mais necessitados. Segundo os promotores, parte importante do dinheiro nunca teria sido gasta, indo parar diretamente no bolso do bispo.

Acusações graves que o prelado rebate. Enquanto os promotores procuram a verdade, a Guardia di Finanza descobriu que Micciché possui uma grande mansão em Monreale, que divide com a irmã, e também que ao longo dos anos – embora não provenham de uma família abastada – os dois conseguiram adquirir outra mansão em Trabia, vários apartamentos em Palermo e um palacete inteiro na via Libertà, todos na capital. Além disso, depois de entrar na mansão de Monreale, os investigadores encontraram e sequestraram obras de arte valiosas, como uma fonte de mármore, uma ânfora grega, um piano de cauda, crucifixos de valor e uma estátua da Virgem Maria talvez do século XVI. Alguns desses objetos foram reconhecidos por funcionários da fundação Auxilium, uma importante entidade privada de reabilitação neurológica (tem cerca de 240 funcionários) presidida por estatuto pelo bispo de Trápani: eles afirmaram aos juízes que algumas das obras teriam sido subtraídas da sede da fundação em Valderice.

“O bispo está sendo investigado apenas por suposições abstratas e vagas de ter se apropriado de fundos do *8 per mille* e de bens artísticos, contudo, nenhum dos que têm direitos sobre eles jamais denunciou o furto”, tentaram jogar água no fogo os advogados do monsenhor, levantando a hipótese de que velhas batalhas do padre contra poderes ocultos e contra o crime organizado poderiam tê-lo transformado em vítima sacrificial. “As obras sequestradas? Submetidas à avaliação de técnicos especializados resultaram ser quase sempre de modestíssima fatura, e muitas são cópias de peças conservadas em outra parte, que portanto foram reconhecidas como falsas.” Em fins de abril de 2015, no entanto, o tribunal recusou restituir ao bispo as peças sequestradas na sua mansão, e lhe devolveu apenas um tabernáculo.

Agradecimentos

Agradeço às pessoas que, dentro do Vaticano, com sua coragem, tornaram possível este livro. Agradeço a Lirio Abbate, Riccardo Bocca, Giovanni Tizian e Gianfrancesco Turano, colegas pacientes que me deram suporte e me suportaram. Agradeço aos rapazes da assessoria de imprensa da Guardia di Finanza, pelas suas fundamentais pesquisas de arquivo. Agradeço aos juízes, aos funcionários e investigadores do judiciário que se ocuparam de escândalos do Vaticano: suas sugestões foram decisivas. Agradeço, por fim, a Mattia de Bernardis e Gianluca Foglia, que permitiram que este livro chegasse às suas mãos.

Este livro foi composto em Adobe Garamond Pro e Bliss Pro e impresso
pela Intergraf para a Editora Planeta do Brasil
em março de 2016.